W0347742

Den Tod gibt es nicht, lediglich einen Wechsel
auf eine andere Ebene.
Manchmal begleiten uns unsere Erinnerungen…

Inhalt

1

Unsichtbare Gegenwarten

Hatten Sie auch schon einmal das Gefühl, jemand befände sich in Ihrer Nähe? Haben Sie auch schon einmal die Gegenwart eines unsichtbaren Wesens gespürt, das mit Ihnen in Kontakt treten möchte oder einfach sagen will: »Ich bin da. Als ich starb, glaubtest du, ich sei für immer gegangen, aber in Wirklichkeit bin ich bei dir …«

Viele von uns haben ähnliche Erfahrungen gemacht. Solche Kontakte oder Erscheinungen widerfahren uns in Träumen oder wir entdecken plötzlich in einem Gegenstand die Antwort auf eine drängende Frage.

Manchmal ist es wie eine Gewissheit. Er ist es. Sie ist es. Mein Vater, mein Kind, mein Geliebter ist hier. Ich spüre, dass meine Mutter, meine kleine Tochter oder meine große Liebe bei mir ist.

Oft ist es nicht mehr als ein vages Gefühl, ein kurzer, aber doch bleibender Eindruck, der sich nicht verleugnen lässt.

Es kann vorkommen, dass sich das Wesen durch eine Handlung zu erkennen gibt, eine Hilfe, die wie ein unglaublicher Glücksfall oder die unerwartete Lösung eines Problems erscheint.

Eine solche Erfahrung bleibt nicht an der Oberfläche. Sie ist sehr persönlich und geht sehr tief und es ist schwer, sie jemand anderem zu vermitteln. Nur wer so etwas selbst erlebt hat, kann es verstehen.

Und doch lässt sich die Tatsache nicht leugnen. Schon im ersten Augenblick wissen Sie, dass Sie sich nicht irren. Neben Ihnen steht tatsächlich Ihre Mutter und versucht, mit Ihnen zu kommunizieren.

Warum nur? Wo ist sie jetzt, wenn ihr Körper nicht mehr lebt? Was von ihr ist geblieben, existiert noch in anderer Form? Wo und wie »lebt« sie? Könnte es sein, dass sie zu Ihnen, ihrem Kind, zurückkehren möchte?

Jeder Mensch stellt sich die Frage: Was geschieht im Augenblick des Todes?

Was werde ich fühlen? Schmerz? Angst? Leiden? Freude?

Auf jeden Fall eine Überraschung.

Wohin werde ich gehen?

Wohin geht die »Seele« nach dem Tod? Wohin wendet sie sich? Gibt es einen großen, alles bestimmenden Plan, den wir mit unserem Verstand nicht erfassen können?

Wenn unsere Existenz weitergeht, auch außerhalb des Körpers, der zerfällt, wohin geht die Seele, und wie?

Die Gegenwart körperloser Wesen wirft nicht nur die Frage nach einem Weiterleben nach dem Tod auf und die Frage nach deren Interesse an uns, sondern vor allem, was sie über unsere Inkarnation auf der Erde aussagt.

Solche Zeichen sind nicht das Einzige, was ohne Erklärung bleibt. Oft geschehen seltsame Ereignisse, die wir akzeptieren müssen, weil sie »über den menschlichen Verstand« hinausgehen.

Jeder hat schon Situationen erlebt, für die es keine rationale Erklärung gibt. Wie sonst ist der freudige Impuls zu verstehen, der uns instinktiv zu einem fremden Menschen drängt, in der Gewissheit, ihn zu kennen?

Oft entsteht dabei das Gefühl, man kenne den anderen seit langem. Mühelos vertieft man sich in ein interessantes Gespräch, das man am liebsten nie beenden möchte. Der Eindruck, den anderen wieder gefunden zu haben, ist sehr stark.

Diese beiden Seelen scheinen sich schon seit langem zu kennen. Es kann Liebe auf den ersten Blick oder eine sehr tiefe Freundschaft sein. Und doch gibt es für diese unwiderstehliche Anziehungskraft keine vernünftige Erklärung.

Die Umgebung dieser beiden Menschen fragt sich oft: »Was verbindet sie nur?«

Andererseits empfindet man für manche Menschen eine unwillkürliche Abneigung, als zerreiße ein Vorhang der Erinnerungen, der Reste früheren Hasses oder Schmerzes freigibt.

Wie sonst lässt sich ein im Laufe eines Lebens immer wiederkehrender Traum erklären, der nichts mit der gegenwärtigen Existenz zu tun hat?

Wie ist es möglich, dass ein fünf- oder siebenjähriges Kind mathematische Abhandlungen schreibt[1], eine längst vergessene Sprache perfekt beherrscht[2], himmlische Musik meisterhaft komponiert[3], den sprachlosen Eltern Ereignisse über das Jenseits berichtet und Lichter sieht[4]?

Oft hören diese Kinder auf, darüber zu sprechen, weil ihre Umgebung sie für verrückt hält.

Es existieren zahllose Beispiele dieser Art, ganz zu schweigen von der Hellseherei, die nur ein Blick in die Zukunft zu sein scheint, obwohl Zeit im Jenseits nicht existiert und alles gleichzeitig stattfindet.

Wenn es dieses Leben auf einer anderen Ebene tatsächlich gibt, wenn Gott die allumfassende Liebe ist, wie alle Botschaften aus dem Jenseits zu verstehen geben, warum lässt er dann zu, dass sich Menschen gegenseitig umbringen? Wieso gibt es dann Leid, Verlust geliebter Menschen, Ungerechtigkeiten, Kriege und Völkermorde?

Diese Fragen haben mich früher nicht mehr oder weniger beschäftigt als Sie. Wahrscheinlich sogar weniger, denn mein Leben war nicht leicht. In den achtzehn Jahren meiner Ehe blieb keine Zeit für die Erforschung der Geheimnisse des Lebens.

Ich kannte nur ein Problem: die tägliche Sorge um

---

[1] Pascal

[2] Arnaud Koechlin de Bizemont

[3] Mozart

[4] Claudie S.

die Erziehung meiner drei Kinder in einem einigermaßen harmonischen Umfeld, in dem mir mein Mann das Leben zur Hölle machte. Alles andere war mir gleichgültig. Ich lebte, um zu überleben.

Nur das Versprechen, das ich meinem Vater gegeben hatte – mich niemals scheiden zu lassen –, ließ mich durchhalten. Ich hatte versprochen, meine Pflicht zu erfüllen – bis zum bitteren Ende.

Und doch hatte ich mich, ohne es zu wissen, bereits auf einen ganz anderen Weg begeben. »Die da oben« ließen immer wieder von sich hören und beantworteten meine Fragen, alle unsere Fragen.

Die in diesem Buch aufgeführten Antworten aus dem Jenseits wurden durch »automatisches Schreiben« empfangen. Sie sind verblüffend, unvorstellbar, aber durchaus sinnvoll. Sie liefern Erklärungen für das Leben auf Erden, das angesichts der Ewigkeit äußerst kurz erscheint.

Mein Weg begann, als mein Vater starb, obwohl die ersten Kontakte über ein Medium erst zwölf Jahre später stattfanden.

Zuerst war ich überrascht, dann verblüfft, doch sie nahmen mich wie einen unerfahrenen Lehrling bei der Hand und ließen mich zunächst das Geheimnis meines eigenen Lebens und dann die Geheimnisse und Erfahrungen anderer entdecken: die Ankunft eines behinderten Kindes bei Virginie, der plötzliche Verlust des Ehemanns bei Clara, Albanes Ermordung, Marcs schrecklicher Traum, Sarahs traurige Misserfolge, Anouks Selbstmord …

Diese Erfahrungen sind Teil eines großen Plans, den ich nun zusammen mit Ihnen entdecken will, denn sie sind ein wichtiger und eigenständiger Bestandteil dieses Plans.

2

Nie wieder

Dieses Rad machte mich ganz nervös. Mit unerträglichem Quietschen ratterte es über die spitzen, weißen Kieselsteine des Friedhofswegs.

Stumm starrte ich es an, denn ich fand nicht den Mut, den Leichenwagen anzusehen, der meinen Vater forttrug. Es konnte nicht Papa sein, der in dem Sarg lag. Er war so groß, so stark, oft hatte er mich fröhlich lachend mit großen Sprüngen durch den Garten gescheucht.

Es konnte nicht sein Leichnam sein, den die schweren Schritte der Pferde auf den Dorffriedhof zogen, während in den Zweigen die Vögel sangen.

Im kalten und düsteren Norden Frankreichs erblüht das Leben erst im Juni, wenn die Sonne über die winterliche Kälte und den Tod siegt. Ausgerechnet zu diesem Zeitpunkt beschloss seine kranke, vom langen Ringen geschwächte Lunge, nicht mehr zu kämpfen.

Ich betrachtete die schwarz gekleideten, weinenden Menschen: meine Mutter, vom Schmerz zerrissen und doch aufrecht, meinen Mann, von dem ich mich längst entfernt hatte. Vielleicht empfand auch er Schmerz, trotz der chaotischen Zustände, die er in unserem Leben verursachte.

Mein Vater hatte stets Verständnis für ihn aufgebracht und ihn nie zurückgewiesen. Jérôme wusste, dass ich ohne die strengen religiösen und familiären Grundsätze meines Vaters längst nicht mehr seine Frau wäre.

Schließlich war es mein Vater, der mich nicht von seinen überzeugten Moralvorstellungen entbinden wollte, obwohl er wusste, welche Hölle ich durchlebte. Ich konnte ihm nicht böse sein, denn damals ließ man sich in unseren Kreisen eben nicht scheiden.

Er war für mich wie ein großer Baum, der mir Schutz bot, und es war mir stets klar, dass ich meine »Pflicht« zu erfüllen hatte. Meine drei Kinder hatte ich mir sehnlich gewünscht und gehofft, dass mein Leben durch ihre Liebe und ihre Erziehung einen Sinn bekam. In dieser Hinsicht war mein Glück vollkommen.

Mit vom Weinen geschwollenen Augen blickte ich auf die beiden Großen, die sich an meiner Hand festhielten. Auch sie weinten, schmerzlich berührt durch den Verlust ihres geliebten Großvaters.

Wie sollte ich das Leben ohne ihn ertragen, ohne seine liebevolle Strenge, seine manchmal schwerfällige Stärke?

Meine Mutter hatte viel mehr Verständnis für meine Probleme, ihr gegenüber fühlte ich mich nicht verpflichtet. Außerdem hatten sich auch die Zeiten geändert. In dieser neuen Gesellschaft durfte man sich ohne Zögern scheiden lassen.

Das harte und dumpfe Kratzen des Sargs an der

Grabverschalung brachte mich wieder in die traurige Gegenwart zurück. Der Sarg wurde ins Grab gelassen. Eine Grabplatte würde uns nun für immer trennen.

Keine Gespräche mehr, kein inniges Verstehen, keine Gegenwart – nie wieder.

*

Die Jahre des Zusammenlebens mit Jérôme waren ein einziges Chaos, eine Aneinanderreihung schmerzlicher Erinnerungen, die erst jetzt – viele Jahre später – allmählich verblassen.

Nachdem uns mein Vater verlassen hatte, entwickelten sich die Ereignisse zu einem Kaleidoskop des Leids: Scheidung, Krankheit, Umzug, Stadtleben.

Dann kommt das Karussell zum Stillstand und ich erlebe erneut einen Abschied.

Doch dieses Mal empfinde ich die Situation anders. Aufrecht und voller Zorn stehe ich vor dem Sarg meines Mannes, der auf demselben Friedhof der Erde übergeben wird wie vor wenigen Jahren mein Vater.

Ich bin wütend über die versäumte Jugend, über die langen Jahre der Sorge und des Schmerzes, die mir dieser Mann bereitet hat. Ich erhoffe mir nur Stille und Entfernung, dachte an vieles, aber gewiss nicht an verzeihen.

Damals wusste ich noch nicht, wie weit meine Fähigkeit zu verzeihen sich durch meine Kontakte mit dem Jenseits entwickeln und wie sich die Wiederbegegnung[5] mit meinem Mann gestalten würde.

Zwölf Jahre nach dem Ableben meines Vaters fand der erste Kontakt mit dem Jenseits statt. Ich musste damals meine drei Kinder allein großziehen. Die Welt erschien mir wie eine riesige Arena, in der ich müde und erschöpft Tag für Tag einen Zweikampf mit meinen finanziellen Problemen auszufechten hatte.

Wer diese Angst noch nie verspürt hat, kann sich nicht vorstellen, wie sehr sich der Verstand in solchen Augenblicken auf konkrete Lösungen konzentriert, um die dringenden Probleme zu beseitigen.

Ich musste den Kraft raubenden Alltag allein bewältigen. Die Bedürfnisse meiner Kinder ließen keinen Raum für Seelenschmerz, Fantasie oder andere Vorstellungen.

Kinderkrankheiten, Schule, erste Liebesgeschichten und Schwierigkeiten im Beruf brachten das Boot fast zum Kentern, dessen Ruder ich fest im Griff behalten musste.

Abends fiel ich mit einem letzten Blick auf den Wecker, der läuten würde, bevor die Nacht vorbei war, erschöpft ins Bett.

Der nächste Tag hielt stets unangenehme Überraschungen und Sorgen bereit. Aber ich liebte die Kinder und sie liebten mich. Daraus schöpfte ich die Kraft, weiter zu leben.

---

[5] »Mein Kontakt mit dem Jenseits. Ich habe zu viele Beweise, um am Weiterleben nach dem Tod zu zweifeln.«

Wir hatten das große Glück inniger Verbundenheit und Freude und bewältigten alle Schwierigkeiten gemeinsam. Sogar das Lachen war in unser Leben zurückgekehrt. Das allein machte mich glücklich und gab mir Kraft für die Erziehung der Kinder.

Manchmal, wenn ich am finanziellen, emotionalen oder gesundheitlichen Abgrund stand, tauchte »etwas« auf, das mich im letzten Augenblick rettete.

Glücklicherweise war mir das Ausmaß der Probleme, die meine Kinder und ich zu bewältigen hatten, oft nicht klar. Doch ich war mir meiner Lage sehr wohl bewusst und handelte in der Gewissheit, dass ich es schaffen würde, trotz der oft schwierigen Entscheidungen.

Eine innere Kraft zwang mich, in eine andere Stadt zu ziehen, einen anderen Beruf zu ergreifen. Die Gründe verstand ich erst viel später.

Jede Art von Religion lehnte ich entschieden ab, denn keine erschien mir in sich logisch und glaubwürdig.

Obwohl mir mein Vater sehr fehlte, ebenso wie meiner Schwester, suchten wir keinen Kontakt zu ihm, schon gar nicht über ein Medium, das Botschaften von Verstorbenen versprach.

Die Angst vor Scharlatanen hielt uns davon ab. Dennoch dachten wir täglich an ihn, baten ihn um Hilfe.

Doch darüber hinaus ging unsere Suche nicht. Ich brauchte meine ganze Kraft für die Lebenden und verbuchte den Verlust unter der Rubrik »nie wieder« – trotz des Schmerzes.

3

Erste Kontakte – Offenbarung

Den ersten Kontakt stellte meine Schwester her. Sie war schon immer empfänglicher für die Vorstellung eines Lebens nach dem Tod oder die Möglichkeit, dass es parallel zu unserer Welt noch eine andere Ebene geben könnte. Sie war, wie gesagt, »empfänglicher«, allerdings jedoch nicht wirklich daran interessiert.

Es war der Eindruck der ständigen Gegenwart meines Vaters an ihrer Seite, der sie beunruhigte. Sie beschrieb mir das Gefühl, gerufen zu werden, drängend, besorgt. Doch warum machte sich dieses Gefühl erst zwölf Jahre nach seinem Tod bemerkbar?

Falls er in unserer Nähe existierte, wie sollten wir in Kontakt treten, wie auf seinen Ruf reagieren, falls es diesen Ruf denn wirklich gab?

Vielleicht bestand er ja nur in ihrer Fantasie?

Doch der Eindruck war so stark, so wirklich ... Als sie mir damals davon erzählte, war ich so weit entfernt von alledem, dass ich nur ein Lächeln übrig hatte: »Du hörst Papa? Wie sollen wir ihm denn antworten, deiner Meinung nach?«

Wenn es nach mir gegangen wäre, hätte sie diese Empfindung möglichst schnell wieder vergessen sollen, einfach im Ordner der Probleme ablegen, denn ich hatte wirklich keine Zeit, mich mit derlei zu befassen.

Doch für meine Schwester Isabelle war es ein täglicher Eindruck, eine Realität, ein wirklich dringender Ruf. Also, was tun?

Ein paar Monate später, als ich von den Problemen meiner Kinder so sehr in Anspruch genommen war, dass ich den Vorfall fast vergessen hatte, tauchte die Geschichte wieder auf. Durch einen Freund, der mithilfe einer Frau gerade erste Erfahrungen eines Kontakts durch »automatisches Schreiben« gemacht hatte, lernte meine Schwester ein Medium kennen.

Dieses Medium, so berichtete Isabelle, konnte Botschaften aufnehmen, die von Verstorbenen oder himmlischen Wesen kamen.

Obwohl wir diese Art Kontakt aus Angst, betrogen zu werden, immer abgelehnt hatten, war ihr Freund doch so vertrauenswürdig, dass Isabelle dieser Erfahrung nicht widerstehen konnte, weil sie noch immer den dringenden Ruf unseres Vaters fühlte. Also beschloss sie, Elise, das Medium, aufzusuchen.

Ich habe diese Erfahrungen und den Umsturz, den sie für unser Leben bedeuteten, in meinem ersten Buch »Mein Kontakt mit dem Jenseits« geschildert.

Durch die präzisen Beweise aus den durch Elise empfangenen Botschaften völlig verblüfft, blieben wir damals doch sehr zurückhaltend. Ich schwankte zwischen Zweifel und Gewissheit.

Dennoch erschienen uns die Beweise erdrückend. Das angebliche Wesen meines Vaters offenbarte sich durch schriftliche Botschaften, die Elise in Trance aufschrieb. Er sprach von unserem alten Haus, in dem meine Schwester und ich aufgewachsen waren, er wusste Einzelheiten über den Ring, denn ich trug und der früher sein Siegelring gewesen war. Ich hatte ihn verkleinern lassen, um ihn tragen zu können.

Wie wir später von unserer Mutter erfuhren, benutzte mein Vater fälschlicherweise immer das Wort Ring (frz. bague) anstelle von Siegelring (frz. chevalier), was er mit seinem starken Elsässer Akzent aussprach. Oft lachten sie darüber und benutzten es als ihr Geheimwort. Wir Kinder wussten davon nichts.

Isabelle verstand und akzeptierte diesen Kontakt viel schneller als ich. In seiner ersten Botschaft machte uns mein Vater darauf aufmerksam, dass uns eines der Kinder, das damals nicht zu Hause wohnte, eine Depression verheimlichte und suizidgefährdet war. Auf seiner Ebene, sagte er, könne er dies erfassen, das Kind beobachten.

Sein Ruf rettete unser Kind, denn er machte uns auf seine verzweifelte Lage aufmerksam.

Und doch quälten mich noch monatelang Zweifel, bis ich eines Tages durch ein umwerfendes Erlebnis gezwungen war, mich der Wahrheit zu stellen: Es gab wirklich eine Welt im Jenseits. Eine schwingende, »lebende« und »handelnde« Welt im gesamten Kosmos. Aus dieser Welt, aus dieser Ebene sprachen unsere Verstorbenen, schilderten uns ihre große Reise, von dem Augenblick an, den wir »Tod«, sie jedoch »Geburt ins Leben« nennen, wenn die Seele ihren Körper verlässt.

Mein Exmann beschrieb mir seinen Weg ab dem Zeitpunkt seines Ablebens. Er war ganz plötzlich mitten in der Nacht an einer Hirnblutung gestorben. Wir lebten damals bereits getrennt und ich wohnte mit den Kindern in einer anderen Gegend.

Er erklärte, dass wir alle diese Erfahrung machen würden. Deshalb gebe ich hier seine Botschaft, sein Zeugnis, wörtlich wieder:

Guten Abend, meine Kleine, es ist eine Freude, mit dir in Verbindung zu sein. Da ich weiß, dass du dir Fragen stellst über unsere Welt, möchte ich dir meine große Reise durch die Sphären schildern.

Als mein Gehirn platzte, war ich plötzlich leicht und schnell. Ich habe nicht gelitten, habe nichts verstanden und bin mühelos zu dir gedriftet, wie ich schon erzählte, um von dir eine Erklärung zu bekommen. Aber ihr habt geschlafen und ich konnte euch nicht wecken.

Sehr rasch wurde ich dann von einer großen schwarzen Leere angezogen, in die ich schnell hineinglitt. Es war dein Vater mit seiner großen Liebe, der mich aufgefangen hat und liebevolle Lichtwesen, die ich nicht kannte. Dein Vater hat mir geholfen, in »den Korb« zu schauen, wie er es nennt… und ich habe gesehen!

Ich habe gesehen und erkannt, dass ich zurückkehren muss, denn ich habe auf der Erde nur genommen und Böses gegeben. Ich kam dann an einen Ort, an dem ich bleiben sollte, um zu erkennen und zu verstehen. Dein Vater konnte mir diese Prüfung nicht er-

sparen. Sie hat gedauert und gedauert, bis mir deine große Vergebung, als du verstanden hast, geholfen hat, aus diesem Sumpf herauszukommen. In Freude und Heiterkeit kamen Lichtarme und haben mich herausgezogen, haben mich zum LICHT und zur LIEBE hinaufgetragen.

Dort lebte ich wie ein Schüler in einer wärmeren, strahlenden Sphäre. Ich wurde unterrichtet und durfte kleinere Arbeiten verrichten. Ich war glücklich, du hast für mich gebetet und die Kinder auch.

Ich meinerseits habe Gilbert geholfen und anderen, die du nicht kennst, vor allem denen, die wegen Alkoholproblemen kamen. Ich konnte sie so gut verstehen, du weißt schon!

Gemeinsam mit ihnen und dank der Gebete der ganzen irdischen Familie habe ich Fortschritte gemacht, habe Dinge erkannt und verstanden. Ich habe Freunde des Lichts gefunden, die mir geholfen haben, in die nächsten Sphären aufzusteigen.

Hier ist alles Woge, Schwingung, Vibration. Unser Reich ist parallel zu eurem Reich. Wir schicken euch so viele Rufe, die jedoch ungehört verhallen.

Bei unserem irdischen Tod, der eine Geburt ins Jenseits ist, befreit sich unsere Seele von unserem Körper, der ihr als Vehikel für diese Inkarnation gedient hat.

Zuerst sucht sie Hilfe bei denen, die sie in ihrem materiellen Leben begleitet haben, dann geht sie auf eine andere Ebene über, muss dabei jedoch durch eine Schleuse: die astralen Niederungen.

In sämtlichen Zivilisationen und Kulturen war dieser Prozess bekannt. Obwohl er in unterschiedlicher Weise beschrieben wurde, handelt es sich doch stets um den gleichen Weg. Nachdem die Seele die astralen Niederungen durchlaufen hat, um ans Licht, zu Gott und zu denen zu gelangen, die auf sie warten, kann sie diesen Empfang ignorieren. Wer in einer materialistischen Inkarnation auf der Erde wandelte, sucht nicht nach dem Licht.

Wenig später erhielt ich eine Botschaft von einem Helferwesen, das folgende Erklärung gab:

Wenn sich die Seele vom Körper löst, verlässt sie den Körper nicht sofort, denn sie hat sich an diese Hülle gewöhnt und es fällt ihr schwer, auf ihren Schutz zu verzichten.

Doch sie weiß, dass es uns gibt. Eine Armada wohlwollenden Lichts heißt das Wesen in seinem neuen Leben willkommen. Auf Erden war die Seele den Vorbildern und Eltern bekannt. Nun gibt es jedoch auch Wesen, die die Seele aus einem anderen Karma kennen und die Zurückkehrende freudig begrüßen.

Es ist ein großes Fest. Die Seele empfindet eine wunderbare Freiheit, eine Trunkenheit von Wohlbefinden. Schon bald spürt sie, dass sie zu Hause ist. Nur die Seelen, die zu tief im Materiellen verstrickt waren, sind verloren, verbergen sich und flüchten vor der Liebe.

Ist jedoch ihre Stunde gekommen, betrachtet die

Seele ihr Leben mit neuem Verständnis. Niemand verurteilt sie, ihr wird geholfen, den »Korb« zu erkennen, in dem sie zur Liebe aufsteigen kann.

Oft folgt Enttäuschung, aber auch Staunen, dass sie in ihrem irdischen Dasein vielen Belanglosigkeiten so große Bedeutung beigemessen, sich umsonst angestrengt und ihre Zeit vergeudet hat.

Die Seele leidet. Wehrt sie sich jedoch nicht gegen diese Erkenntnis und akzeptiert die Konsequenzen, wird sie von einer Lichterkette der Liebe auf ihre erste Ebene geleitet.

Danach folgt die Ausbildung von Sphäre zu Sphäre. Sphären sind schwingende Orte, in denen die Seele nacheinander Reinigung und Einweihung erlebt. Auch sie wird in Schwingung versetzt, um in Einklang mit dem göttlichen Diapason zu sein.

Diese Botschaft interessierte mich so sehr, dass ich weitere Fragen stellte: »Doch was wird aus den Seelen, die während dieser Inkarnation entweder im Bösen oder nur im Materiellen verweilten und die an gar nichts glaubten?«

Seelen, die nicht auf diesen Übergang vorbereitet sind, leiden unmittelbar nach dem Tod und verbringen eine mehr oder minder lange Zeit in den astralen Niederungen.

Anfangs verstehen die Seelen (ihren Tod) nicht. Erst später kommt die Zeit des Bewusstwerdens. Sie denken »Ich bin verloren«, im Sinne von »Was ma-

che ich eigentlich hier?« Zuerst herrscht ein Gefühl von Kälte und Einsamkeit..., dann... allmählich die Erkenntnis, das Bewusstsein, dass es andernorts noch etwas anderes gibt.

Dann weist man ihnen den Weg zum Licht und zu den Gesängen. Noch sehen sie die sich entfernende Erde und das Göttliche ist noch sehr weit. Jedoch wissen diese Seelen jetzt... Alles steht ihnen offen. Nur, wie sollen sie es erreichen?

Ohne das Gebet der Menschen und anderer Wesen auf Erden werden sie nur sehr langsam oder überhaupt nicht aufsteigen. Wie lange es dauert, hängt davon ab, wie intensiv sie an sich arbeiten.

Die Kommunikation verläuft von oben nach unten, also vom Göttlichen zu euch, den Menschen.

Betet für diese Seelen, damit sie die Liebe Gottes verstehen und bereit sind, die Wärme seiner Strahlen zu empfangen, denn dann werden sie gerettet.

Eingebettet in die göttliche Liebe könnt ihr euch entscheiden. Ihr habt die Wahl. Nur die Kraft göttlicher Liebe und des Gebets bringen die Seelen dazu, Gottes Hand zu ergreifen.

Also betet, schickt ihnen eure Liebe, auch wenn ihr sie selbst auf Erden nicht kanntet, denn die Einsamkeit der Seelen ist unvorstellbar!

Am Rande des Abgrunds steht Gott in strahlendem Licht und reicht ihnen die Hand. Doch sie verstehen die Zeichen nicht, ziehen sich ängstlich zurück und fliehen.

Betet!

Die Erleuchtung dieser Seelen hängt vom Grad ihrer Materialität ab, vom Umfang der Liebe, die man ihnen zukommen lässt, aber auch von ihrem Wunsch und Willen, zu dem aufzusteigen, was sie wahrzunehmen gelernt haben.

Ihr müsst wissen, auch hier hat jeder die freie Wahl. Zeit ist auf Erden ein rein menschlicher, fehlbarer und materieller Begriff und lässt sich mit der Zeit hier nicht vergleichen.

Bei der Aufnahme dieser Botschaft fragte meine Schwester: »Können diese Seelen miteinander in Verbindung treten, können sie kommunizieren?«

Nein, nein. Sie sind nicht völlig einsam. Jedoch haben sie Angst, weil sie nicht wissen, nicht verstehen und sich aus dem Weg gehen, anstatt sich zu helfen. Sie verschließen sich.

Der Übergang ins Jenseits bedeutet also keinen Bruch, sondern Kontinuität, lediglich ein Übertreten auf eine andere Ebene. Hat die Seele auf Erden im Augenblick des Todes sehr materiell gelebt, begreift sie nicht, was ihr geschieht.

Sie weiß nicht, dass sie nur durch den eigenen Willen zum Licht aufsteigen kann. Sie ignoriert es und zieht es vor, sich in die wenig anziehenden astralen Niederungen zu flüchten. Manchmal heftet sich hier der Hass der Menschen an diese Seelen, sodass sie wenig Bedürfnis verspüren aufzusteigen.

Gemeinsam bilden sie so genannte Egregoren, die nur darauf bedacht sind, erschreckte Seelen an ihrer überstürzten Flucht zu hindern. Auf diese Weise dienen sie der Macht des Bösen.

Auf vielen solchen Sitzungen erfuhren wir nach und nach durch diese Botschaften, was nach einer Inkarnation mit unserer Seele geschieht, wenn sie den Körper, dieses Vehikel, verlässt, um – wie sie sagen – auf die andere Ebene zu gelangen.

Zu Beginn der Arbeit mit Elise, dem Medium, und meiner Schwester Isabelle glaubte ich, einen logischen Weg entdeckt zu haben.

Diese Annäherung war jedoch auch distanziert, fast intellektuell. Doch die Erfahrungen, die ich dann machte, haben mein Leben so sehr verändert, dass ich allmählich die Tragweite dieser Botschaften verstanden habe.

Dieses Wissen und die Beweise stellten mich später vor eine wichtige Entscheidung: Sollte ich die Beweise ignorieren, die Welt, die sich mir offenbart hatte, einfach vergessen? Oder sollte ich die Welt, von deren Existenz ich nun überzeugt war, akzeptieren und mit den nicht inkarnierten Wesen zusammenarbeiten, von ihnen lernen?

Die zweite Lösung drängte sich geradezu auf, denn wem erst einmal das Licht gezeigt wurde, der kann nicht mehr wie ein Blinder durch das Leben gehen.

Die Welt des Jenseits ist so eng, so logisch und kohärent mit der unseren verstrickt, dass sich alles, was wir hier unten erleben, daraus erklärt: Tod,

Leid, Freude, Anerkennung anderer Wesen und ihr Verlust.

Der Sarg und die Grabplatte, die mich von meinem Vater trennte, waren nur Illusion, denn er war es, der mir das Jenseits offenbarte. Als sich auch mein Ehemann an mich wandte, fiel es mir anfangs schwer, ihm zuzuhören.

Und doch lieferte er mir den letzten Beweis. Er offenbarte mir Dinge, die nur er wissen konnte und die mir bei der Führung der Geschäfte halfen, damit ich und die Kinder leben konnten.

Er flehte mich an, ihm zu verzeihen, denn, so sagte er:

Ohne euer Verzeihen bleiben die Seelen an einem Ort grauer Einsamkeit. Ich bitte dich, verzeihe auch du mir. Ich flehe dich an.

Sonst kann ich diesen Ort hier nicht verlassen.

Nur deine Liebe und dein Verzeihen lassen mich zum Licht aufsteigen.

Danke! Vielen Dank, dass du mir verzeihst.

Das Verzeihen brach aus mir heraus und stürzte mich in ein ungewöhnliches spirituelles Abenteuer.

4

Ein Körper als Vehikel

Anfangs war mein Vater mein Lehrer. Er ließ mich sofort wissen, dass es nicht für immer sei, denn er habe eine kosmische Mission zu erfüllen und müsse sich dann reinkarnieren.

Sich reinkarnieren? Um mich ein zweites Mal zu verlassen? Bedeutet das, dass sich auch Seelen reinkarnieren? Aus welchem Grund, nach welchem großen Plan?

Diese außergewöhnliche Botschaft, die ich bei einer der zahlreichen Kontaktsitzungen erhielt, erläutert den Grund für unsere aufeinander folgenden Leben oder irdischen »Atemstillstände«.

Wir haben damals folgende Frage gestellt: »Warum unterliegt die Seele dem Gesetz der Reinkarnation?«

Stellt euch vor, dass die Seelen wohl behütet im Herzen Gottes, inmitten der göttlichen Schwingung, der Kraft der Liebe leben.

Stellt euch vor, dass einige dieser Seelen eines Tages diese perfekte Einheit in völliger Liebesvibration verlassen wollten.

Der Stolz trieb sie zu dieser Trennung, dieser Distanzierung. Die freien, in ihrer Entscheidung unab-

hängigen Seelen haben sich in Massen von der Mensch-Gott-Einheit entfernt. Diese Implosion hat die Kräfte des Bösen, des Stolzes, des Egos freigesetzt.

Die göttliche Kraft der höchsten Liebe ließ diesen Seelen ihre Entscheidungsfreiheit, denn wie du weißt, gibt es ohne Freiheit keine Liebe.

Diese Seelen verloren sich in schwarzen Mächten und versanken immer tiefer in Stolz, Egoismus, Eitelkeit und Habsucht.

Diese Eigenschaften entfernten sie immer weiter vom göttlichen Licht. Schritt für Schritt tauchten sie in die Verzweiflung, in Räume ohne Licht und Liebe ein.

Durch ihre materielle und egozentrische Qual entfernten sie sich immer weiter, die Verzweiflung wurde immer größer.

Jedoch hatten sie großen Durst nach göttlicher Liebe und Licht und versuchten, ihm wieder näher zu kommen.

Deshalb mussten sie in das Rad der Reinkarnation eintreten, denn wir sind alle nur Schwingung.

Durch den Übergang von irdischem zu kosmischem Leben versuchen sie, die Einheit mit der göttlichen Liebe wieder herzustellen, bis sie schließlich von den Dämonen des Stolzes und des Egos befreit sind und in Frieden in die Fülle des göttlichen Herzens einkehren – mit dem Einen, der Einheit der völligen Liebe, verschmelzen.

Jetzt wisst ihr, welchen Weg ihr einschlagen müsst, um das Ende des Rads der Inkarnation, die Weihe in dem Einen, wieder zu finden.

Auch in der Ehe entfacht nur die notwendige Brise Freiheit die Glut der Liebe. Ohne diese Freiheit rauben sich zwei eifersüchtige oder nur mit sich selbst beschäftigte Wesen die Luft zum Atmen. Schließlich stirbt die Liebe.

Die rebellierenden Seelen hatten auf der Suche nach Freiheit die Wahl, die Einheit Mensch-Gott zu verlassen. Sonst hätte es keine Liebe gegeben.

Daher möchte die Seele wieder zur Einheit aufsteigen und mit der göttlichen Schwingung verschmelzen. Doch wie viele Leben sind erforderlich, bis sie erneut geweiht und gereinigt ist und die vollkommene Liebe erlernt hat? Wie viel Leid, Freude und Erfahrung muss sie auf dem Weg in die Mitte der göttlichen Schwingung durchlaufen?

Dieser Prozess zwingt unsere Seele, Leben für Leben ein neues Vehikel, einen neuen Körper zu »beseelen«.

Verglichen mit der Ewigkeit verweilen wir hier nur für kurze Zeit, praktisch nur auf der Durchreise.

Deshalb finden wir keine Befriedigung im Materiellen. Tief in unserem Innern erklingt unaufhörlich der Ruf nach dem Absoluten, nach etwas anderem.

Sind wir mit diesen Erfahrungen allein, mit jeder dieser Missionen, mit jedem Leben?

Und wer entscheidet, was wir in den einzelnen Inkarnationen zu lernen oder zu erkennen haben? Eines Tages antworteten sie uns durch Elises automatisches Schreiben.

Bevor man kommt oder zurückkehrt, wählt man seinen Weg. Man wählt seine Familie. Großfamilien reinkarnieren gemeinsam.

Ist dies der Grund, warum wir bei einem uns fremden Menschen manchmal den Eindruck haben, »ihn schon immer gekannt zu haben«?

Ist dies der Grund, warum wir uns zu manchen Menschen sofort hingezogen fühlen, uns ihnen freudig und spontan anschließen, während wir bei anderen ohne ersichtlichen Grund das Gefühl haben, dass sie uns ablehnen? Deshalb kommt es auch vor, dass uns manche Orte anziehen, wir sie »wieder erkennen« und andere uns ohne erkennbare Ursache abschrecken.

Welche Erinnerungen bringt die Seele mit in den neuen Körper, der uns gerade als Vehikel dient?

Diese geheimnisvollen Augenblicke, in denen die Erinnerung aufreißt und von gewaltigen Lichtblicken aus unserer unendlichen Vergangenheit durchströmt wird, sind Erfahrungen, die uns nicht gleichgültig lassen dürfen. Oft erleben wir sie im Traum, manchmal jedoch auch im Wachsein.

Wir hören nicht auf sie, weil wir nicht in solchen Dimensionen denken.

Bei unserer Geburt in eine neue irdische Inkarnation hat Gott uns das Vergessen geschenkt. »*Er hat euch die Last eurer Ewigkeit erspart*«, erklären sie uns später.

Wie soll man auch mit der Last der vorherigen

Leben, mit dem Überdruss der Wiederholung, dem Trauma früherer Prüfungen ein neues Leben beginnen?

Manchmal reißt der Vorhang der Erinnerungen auf. Aus der Endlosigkeit früherer Erfahrungen geistern Bilder wie Blitze durch unsere neue Existenz – ein beunruhigendes Wiedererkennen, ein überraschtes »Déjà vécu« (Wiedererleben).

Daher sind die Jahre des menschlichen Lebens keinesfalls einzigartig in der Erfahrung, in der erlebten Einweihung eines Wesens.

Dieses Leben ist nur ein einziges Anhalten des göttlichen Atems unter vielen, ein Komma in der Ewigkeit einer Seele, eine Entwicklungsphase in der Karma-Dynamik ihrer Rückkehr zu Gott.

Die durch das bisher Erlebte geprägte Seele hat für die Rückkehr zur Erde eine Mission, eine Sendung gewählt. Die Wesen der Familie mit demselben Karma und zeitgleicher Reinkarnation dienen ihr dabei als Stütze. Diese Seele nimmt bei jeder Inkarnation eine andere Position im Familienmosaik ein.

Die Seele hat sich Ort, Zeit und »Angehörige« ausgewählt, die ihr helfen sollen, ihre Mission zu erfüllen. Mit ihrem Führer, Schutzengel oder der Zwillingsseele, die ihr in jede Inkarnation folgt, kehrt sie zur Erde zurück. In den einzelnen Entwicklungsphasen ihres realen Lebens verkörpert sie die Gegenwart der göttlichen Liebe.

Ein lehrender Engel hat uns in seinen Worten die ungewöhnliche Reise, unser Karma, erläutert:

Eure Leben sind göttliche Juwelen. Wenn die Seele nach einer menschlichen oder kosmischen Erfahrung wieder in ihre göttliche Nische aufsteigt, wird sie von Lichtwesen empfangen.

Dort befinden sich ihr Schutzengel oder Führer und andere Seelen, die sie seit Anbeginn der Zeit (eurer Zeit) kennen, die sie begleitet haben, ihr aber nicht in diese Inkarnation gefolgt sind.

Groß ist die Wiedersehensfreude. Für den Bruchteil einer Sekunde eurer Zeit – bei uns existiert keine Zeit – sieht die aufsteigende Seele ihr Leben mit allen Freuden, die sie schenkte, und Leiden, die sie zufügte.

Die Bewusstwerdung ist ein sehr aufwühlender, manchmal auch schmerzlicher Augenblick, denn die Seele weiß nun, wie viel Böses sie angerichtet hat, mit wie viel »Nicht-Liebe« sie anderen begegnet ist.

Hier muss sie sich neu orientieren, wieder ins göttliche Licht und in Gottes Liebe eintauchen, um sich für eine weitere Inkarnation, einen erneuten Abstieg in die Welt der Körper, in eine Welt anderer Schwingungen vorzubereiten.

Mithilfe der Engel, ihrer Führer, entscheidet sie jederzeit selbst, welches ihre neue Mission sein soll, was sie lernen und verstehen muss, um in ihren Liebesschwingungen höher zu steigen – immer höher, bis sie eines Tages die göttliche Schwingung erreicht, in der sie schließlich aufgehen wird.

Dann erst steht das Rad der Reinkarnationen still, die Seele ist eingebettet in die göttliche Vollkommenheit.

Manchmal bleibt eine Seele den auf der Erde Zurückgebliebenen, ihrer Karma-Familie, mit der sie schon so viele Leben durchlebte, eng verbunden.

Sie spürt deren Abwesenheit und möchte gerne wieder zu ihnen zurückkehren. Dann wird sie sanft von ihren Führern darauf hingewiesen, ihre eigene Aufgabe zu erfüllen und sich weiterzuentwickeln.

Lieben die Menschen diese Seele, können sie ihr mit Gebeten helfen, sich völlig von ihrem materialistischen menschlichen Leben zu lösen.

Das bedeutet keine Trennung, denn dann stehen die Engel den Menschen bei, die sie um Hilfe bitten.

Von Schwingungssphäre zu Schwingungssphäre reinigt sich die Seele, bereitet sich auf ihren erneuten Abstieg vor. Zeit existiert nicht, für uns ist alles Gegenwart.

Hat sie sich für eine Mission entschieden, wählt sie ihre Eltern aus. Ist die Seele stark, begnügt sie sich mit einem Elternteil.

Die erforderlichen Prüfungen, um Liebe, Geduld, Selbstlosigkeit, Mitgefühl zu erlernen, wählt sie selbst.

Der Weg führt zur Liebe, was nicht einfach ist, wenn Egoismus und Stolz im Spiel sind. In der Wahl des Materiellen, des Geschehens auf der großen Reise, lässt Gott uns völlig freie Hand. Jedoch wacht er mit seinen himmlischen Heerscharen sehr genau über uns.

Bei der Trennung des Menschen von Gott wurden jedoch auch die Kräfte des Bösen befreit. Auch sie können sich eines Körpers bemächtigen.

Manchmal ist der Kampf brutal, denn Gott ist zwar allmächtig, doch der Mensch ist frei, denn ohne diese Freiheit könnte er nicht zur Liebe zurückkehren.

Ihr kehrt also in Begleitung eures Führers, den ihr oft euer ganzes Leben lang nicht kennen lernt, zurück. Am meisten fürchtet sich die Seele vor der Kindheit. Die Geburt und die ersten Jahre sind eine schwierige Reise, denn das Kind ist den Sphären noch sehr nahe.

Lebendige Erinnerungen bleiben dem Kind. Manchmal erzählt es sie, ohne dass man ihm glaubt. Glücklicherweise stellt sich das Vergessen später ein, denn mit der Last der Traumata aus früheren Leben könntet ihr keine neue Mission erfüllen.

Wenn diese Zeit vorüber ist, steigt ihr auf. Wie dies geschieht, ist nicht wichtig. Die Medizin macht Fortschritte, aber es wird immer neue Krankheiten geben, damit ihr zurückkehren könnt.

Das Wie ist unwesentlich. Auch die Seele, die nichts über Spirituelles weiß, kann zu uns gelangen.

Jedoch läuft die von den Kräften des Bösen geprägte Seele Gefahr, in den astralen Niederungen zu verharren, bevor sie zu uns gelangt. Sie ist in Gefahr, denn diese Kräfte besitzen große Macht. Die göttlichen Heerscharen können sie nur erreichen und beschützen, wenn sie durch Gebete und liebevolle Gedanken, welche die Menschen diesen Seelen zukommen lassen, die nötige Energie erhalten.

Betet für sie. Viele Menschen, die das wissen, opfern sich manchmal, um sie zu retten. Wir werden euch das noch erklären.

Friede mit euch.
Lernt, lernt, denn die Zeit ist kurz.
Frieden und Verstehen.
Michael, der Lehrer

Seit Tausenden von Jahren haben Religionen nach dieser Erklärung gesucht, sie manchmal auch verschleiert, oft gekürzt, um sie für Macht und Stolz zu missbrauchen.

Doch Merkmal fast aller Religionen ist die Suche der Seele nach ihrer Quelle, dem Absoluten, dem Göttlichen.

Diese Offenbarungen lehren uns, die gegenwärtige, kurze irdische Inkarnation zu verstehen und sie von der anderen Seite der Welt, der anderen Ebene zu betrachten.

Begleiten Sie mich auf der Entdeckungsreise, auf der Erfahrungen und Prüfungen, die andere oder vielleicht Sie selbst gemacht haben, eine verständliche und logische Erklärung finden.

Seit mich Elise eingeweiht hat, arbeite ich selbst mehrmals pro Woche mit den Wesen der anderen Welt, »unseren Nachbarn von der anderen Ebene«. Ich habe sie gebeten, uns den wahren Grund für die vielen Prüfungen des Lebens zu nennen.

Zuerst habe ich ihnen erlebte Geschehnisse dargestellt, in denen wir uns oder die schweren Prüfungen unserer Lieben wieder erkennen können. Anschließend fragte ich sie nach dem Warum dieses Leids.

Die Antworten erhielt ich durch automatisches

Schreiben. Sie sind oft verblüffend und stellen unser Leben in ein außergewöhnliches Licht.

Der Lebensweg von Virginie, Fabien, Marc, Clara, Sophie und vielen anderen ist dem Ihrem vielleicht sehr ähnlich. Wie lässt sich die Trauer eines geliebten Menschen erklären, die Geburt eines behinderten Kindes, das schwierige Liebesleben, die Albträume, die Vorahnungen und Ängste, die Anziehungskraft fremder Menschen, denen wir »begegnen«, die Unsicherheit, die uns befällt, wenn wir an einen unbekannten Ort kommen, den wir zu kennen glauben?!

Was geschieht, wenn der Tod zwei sich nahe stehende Menschen trennt, vielleicht mitten im Streit?

Wie lassen sich ständig wiederkehrende Träume erklären?

Wenn Gott Liebe ist, warum gibt es dann Krieg, Völkermord und Katastrophen, bei denen so viele Menschen den Tod finden?

5

Virginie und Eric

Seit heute Morgen fühlt sich Virginie nicht wohl, obwohl im Stillzimmer Friede und Freude herrscht. Vor einigen Minuten wurde das Kind von der Säuglingsschwester in sein Bettchen gelegt. Es lächelt.

Hat Virginie diesen flüchtigen Blick nur geträumt? Warum haben sie das Kind so vorsichtig in die weißen Laken der Entbindungsstation gelegt?

Warum ist die Schwester so schnell aus dem Zimmer verschwunden? Schneller als sonst, da ist sich Virginie ganz sicher.

Mühsam beugt sie sich über die Wiege – die Narbe des Kaiserschnitts schmerzt noch sehr – und schaut den Säugling liebevoll an.

Sanft berührt sie mit dem Finger die geschlossenen Lider, die ängstlich bebenden Nasenflügel, den kleinen Mund, der bald gierig an seinem Milchfläschchen saugen wird.

Wie schön er ist! Eric, mein Liebling, mein Wunder, mein Herz, mein erstes Kind! So lange musste ich auf dich warten.

Vorsichtig richtet sich Virginie wieder auf, denn das Baby regt sich und wenn es aufwacht, fordert es schreiend sein Fläschchen.

Erschöpft sinkt die junge Frau in die Kissen. Alles in Ordnung. Nur, woher kommt dieser dumpfe, grundlose Schmerz, der ihr Angst einflößt?

Entschlossen öffnet jemand die Tür zu ihrem Zimmer, schließt sie jedoch leise wieder. Hinter der Tür hört sie Stimmen, die sich langsam entfernen.

Was ist passiert? Die Freude, die Lebenslust, die sie noch vor zwei Tagen bei Erics Geburt gespürt hat, ist wie weggeblasen.

Sonst kommen und gehen die Säuglingsschwestern, lachen, machen Scherze, beugen sich mütterlich lächelnd über das Neugeborene.

Sind sie vielleicht gerade mit einer schwierigen Geburt beschäftigt?

Virginie versucht, ihre Angst zu verdrängen. Wird sich diese Besorgnis, die sie fast schwindelig werden lässt, ihr ganzes Leben mit der Liebe zu ihrem Kind verbinden?

Gestern meinte ihre Mutter lachend, dass diese Liebe niemals aufhören und bis zum Ende ihres Lebens zu ihr gehören würde wie das Atmen.

Virginie lächelt, beugt sich wieder über das Kind, streckt die Hand aus. Sie ist glücklich. Die kleinen warmen Finger entspannen sich unter dem Druck ihrer Hand. Er atmet regelmäßig und gähnt. Eric, mein Kleiner…

Selbstvergessen betrachtet die junge Frau ihr Kind und fährt erschrocken hoch, als sich die Tür öffnet. Erstaunt richtet sie sich auf: »Hugo? Warum bist du nicht im Büro?«

Ihr Mann küsst sie zärtlich. Ebenso erstaunt wie sie sagt er: »Sie haben mich für heute Morgen herbestellt und gesagt, sie hätten etwas mit uns zu besprechen.«

Eine eiskalte Hand schließt sich um ihre Kehle.

»Warum denn? Es ist doch alles in Ordnung, sieh doch!«

Er richtet sich auf und nimmt Virginie in die Arme.

»Ich bin so glücklich. Danke, mein Liebling ...«

Sie halten sich glücklich in den Armen, als Doktor Londay, der Chefarzt der Klinik, und sein Stellvertreter hereinkommen.

Virginie und Hugo sehen die ernsten Gesichter der Ärzte und lassen besorgt die Arme sinken. Nach einer förmlichen, etwas steifen Begrüßung stützt Doktor Londay die Hände mit den sauberen Fingernägeln auf den Bettrand und blickt ihnen in die Augen: »Wir haben ein Problem ...«

»Ein Problem?«, murmelt Virginie und spürt erneut diese unerklärliche Angst.

»Eric ... Wir haben heute Morgen die Laborergebnisse erhalten.«

Entsetzt hören Virginie und Hugo zu. Die Zeit steht still. Alles verschwimmt, wird unwirklich. Das Kind lächelt. Tief im Bauch, der gerade das Kind geboren hat, spürt Virginie, dass sich in diesen Minuten ihr Leben verändert.

»Wir haben heute Morgen die Ergebnisse bekommen«, wiederholt er.

Weiß wie die Wand steht Hugo auf.

»Leider sind wir jetzt ganz sicher, dass Eric Trisomie 21 hat…

Virginie schreit auf, schlägt verzweifelt die Hände vors Gesicht. Alles dreht sich. Schwindel erfasst sie, treibt sie auf den Gang hinaus. Sie läuft an den nackten Wänden entlang, die sich vor ihren Augen verformen, als hätten sie keine Substanz. Ihr platzt beinahe der Kopf. Übelkeit verätzt ihr Inneres. Ihr Körper scheint nicht mehr ihr zu gehören.

Nichts als brennender Schmerz, Schwindel, Wahnsinn.

»Nein! Nein!«

Sie merkt nicht, dass sie bis zum Zerreißen der Stimmbänder schreit. Sie hört nichts mehr. Doktor Londays Stimme dringt durch einen dichten Nebel in ihr Bewusstsein.

»Ich werde ihr Valium spritzen. Bleiben Sie bei ihr, bis sie wieder aufwacht.«

Sie entschwindet weit, weit weg. Sie erbricht sich. Brennen… Schmerz… Schwindel… Von weit, weither dringt Hugos gebrochene Stimme zu ihr durch.

»Doktor, ich verkrafte diesen Schlag nicht…«

Ist das Erics Schrei, der nach seinem Fläschchen verlangt? Eric, mein Kleiner… mein furchtbares Schicksal!

*

Virginie lacht aus vollem Hals. Sie ist so jung, so unbeschwert. Groß, schön und in strahlendes Licht getaucht steht sie neben Eric und nickt. Der Lichtkranz, der sie umgibt, kann ihr volles Haar nicht bändigen.

Eric nimmt sie bei den Händen.

»Willst du das wirklich? Kannst du es ertragen, wieder abzusteigen?«

Sie nickt ernst: »Ich habe dir und den anderen versprochen, euch bei der nächsten Inkarnation behilflich zu sein.«

»Gut, dann geh. Steig als Erste ab, ich komme nach. Hab keine Angst. Denke daran, diesmal werde ich dein Kind sein.«

*

»Madame! Madame!«

Virginie öffnet den Mund als wollte sie trinken. Doch plötzlich hebt sie schützend die Hände vors Gesicht, um sich der schrecklichen Bilder zu erwehren.

»Nein! Nein!«

Sanft streicht ihr eine Hand über die Stirn, umarmt sie. Allmählich wacht sie auf. Dieser Albtraum ist Wirklichkeit.

Der Schmerz gleicht dem Aufwachen eines Trauernden, der auf dem kalt gewordenen Platz neben sich den geliebten Menschen sucht.

Sie erwacht und erkennt die Realität, die sie nicht wahr haben will. Mit gebrochener Stimme sagt sie: »Eric?«

Eine Krankenschwester antwortet ihr gelassen:

»Ihr Sohn hat gerade sein Fläschchen getrunken. Er war sehr hungrig.«

Plötzlich tauchen grauenhafte Bilder vor ihr auf. Nein! Nein! Sie will dieses Kind nicht. Nein! Sie will ihren Liebling, ihren vollkommenen Eric.

Das Kind, von dem hier die Rede ist, will sie nicht. Eine Kollegin im Büro hat auch einen... Das Wort bleibt ihr im Hals stecken. Sie kann es nicht einmal denken. Ihr wird übel. Sie presst die Fäuste fest gegen den Mund.

Die Krankenschwester beobachtet sie und sagt: »Er will leben. Er braucht Sie.«

Virginie will es nicht wahrhaben. Sie ist innerlich zerrissen, fühlt sich abgestoßen und doch angezogen, ja sogar gerührt. Vorsichtig wendet sie sich der Wiege zu.

»Geben Sie ihn mir«, haucht sie überwältigt von widersprüchlichen Gefühlen.

Wortlos, aber voller Zärtlichkeit reicht ihr die Säuglingsschwester das Kind.

Virginie zögert, betrachtet den Kleinen vorsichtig. Die Zeichen, von denen die Ärzte sprachen, sieht sie nicht. Große Kindertränen laufen ihr übers Gesicht. Sie drückt den Kleinen, der so vertrauensvoll ist, an sich. Ihre Tränen fallen auf sein Gesicht.

»Ich liebe dich«, murmelt sie. »Warum? Warum ich? Womit habe ich das verdient? Warum nur?«

*

Voller Zorn rast Hugo auf dem dröhnenden Motorrad davon. Nur weg von hier, weit weg. Seit einer Woche flieht Hugo vor dem unerträglichen Schmerz. Er weigert sich. Ein solches Leben will er nicht führen. Lieber macht er gleich Schluss.

Langsam erkennt er die Landschaft wieder. Sie erzählt ihm von der Kindheit, vom Geruch des Waldes, von den selbst gemachten Konfitüren seiner Großmutter.

Hier will er sterben. Hier will er die Kraft finden, das Leben, das ihn wie Blei hinunterzieht, ihm wie eine Kränkung erscheint, zu beenden.

Wie konnte in seiner Familie so etwas geschehen?

Wer ist schuld an diesem »Irrtum der Natur«, an »dieser unvorstellbaren Ungerechtigkeit«, die er nicht verdient hat.

Soweit er zurückdenken kann, hat er sich niemals etwas zu Schulden kommen lassen, war nie untreu. Er stammt aus einer anständigen Familie, das weiß jeder.

Also, warum? Wie konnte Gott einer glücklichen Familie eine so schreckliche Prüfung auferlegen?

In dem dunklen Dickicht, in dem Hugo als Kind so oft spielte, kommt das Motorrad kaum voran. Hier, vor dem kleinen Brunnen, will er diesem grauenhaften, unerträglichen Leben ein Ende machen.

Beängstigend und beruhigend zugleich spürt er die Waffe, die an seiner Brust warm geworden ist.

*

Eric schreit. Er hat Hunger. Liebevoll nimmt Virginie ihn aus seinem Bettchen und drückt ihn an sich. Gerade als sie ihm das Fläschchen geben will, läutet das Telefon. Nervös hebt sie ab.

»Hugo? Sie haben ihn gefunden? Wo ist er?«

Am anderen Ende umfasst die von Altersflecken gezeichnete Hand eines alten Mannes den Hörer. Tränen stehen in seinen Augen.

»Es ist... Virginie... Kannst du mit dem Kleinen kommen? Er wartet hier auf dich. Er ist zurückgekehrt. Er möchte seinen Sohn und... und dich sehen.«

Niedergeschlagen sitzt Hugo im Sessel. Langsam erhebt er sich. Er ist mager geworden, seine Augen sind gerötet. Er nimmt seinem Vater den Hörer aus der Hand und erklärt mit fester Stimme: »Virginie? Ich... Ich habe mich nicht nach Hause getraut. Ich weiß, dass ich dich allein gelassen habe, aber... ich kann es dir erklären, verzeih mir. Ich...«

Virginie weint, das Kind im Arm.

»Hugo, komm nach Hause. Wir warten auf dich. Dein Sohn braucht dich.«

»Virginie, ich weiß nicht, warum ausgerechnet uns diese schwere Prüfung trifft, aber... ich... ich komme zurück.«

Nachdenklich legt Virginie den Hörer auf. Sie weint und lächelt zugleich. Liebevoll drückt sie Eric an sich.

»Warum habe ich das Gefühl, dich schon lange zu kennen? Kannst du mir das sagen?«

Diese harte Prüfung hatte liebe Freunde getroffen. Deshalb fragte ich die göttlichen Wesen nach dem Grund für diese Strafe.

Gibt es einen schlimmeren Schmerz als ein behindertes Kind zur Welt zu bringen? Warum? Welches Karma, welches Schicksal, welche Mission sieht der große göttliche Plan für unsere Reinkarnationen vor?

Hier ihre Antwort, die ich mittels automatischen Schreibens erhalten habe:

Guten Abend, mein Kind. Euer Schmerz und eure Freuden sind Teil des göttlichen Plans. Doch selten erkennt ihr seine Vollkommenheit.

Es ist an der Zeit, dass die zurückgekehrten Seelen, dass die Menschen, die Geheimnisse ihrer Inkarnation verstehen.

Natürlich hat die Natur ihre eigenen Gesetze und Fehlschläge. Doch die Ankunft eines Wesens in einem »anormalen« Vehikel, wie ihr sagt, hat vielerlei Gründe. Jedoch dienen sie stets dem Fortschritt der Entwicklung und natürlich der eigenen Inkarnation und der der anderen.

Die Ankunft eines behinderten Kindes in einer Familie ist ein Schmerz, der einem Tritt in einen Ameisenhaufen gleicht.

Das Kind war dazu bereit. Wenn der Schock vorüber ist, beginnt jeder über den Schmerz nachzudenken und erkennt seinen Egoismus.

Dabei lernt der Mensch endlich, in sein Inneres zurückzukehren. Schaut euch diejenigen an, die diesen

Schmerz erlebt haben oder gerade erleben. Wie viel Liebe können sie nach solch einer Erfahrung auch anderen geben?

Sie verstehen das Leid der anderen, fühlen mit ihnen, gründen Selbsthilfegruppen, in die sie nicht nur Geld investieren, sondern auch viel Zeit und Liebe.

Könntet ihr nur ihre Seelen sehen! Sie wachsen, steigen zu Gott auf, erleuchtet und frei von jedem Egoismus. Was für ein wunderbarer Akt der Liebe!

Doch ihr fragt: Was ist mit der Seele des gequälten Kindes?

Ihr bleibt von einer Inkarnation zur anderen in eurer Familie. Ihr dürft mit denen reinkarnieren, denen ihr seit Jahrtausenden auf dem Wege zur Liebe Gottes folgt.

Einmal seid ihr der Vater, einmal das Kind, ein anderes Mal der Freund.

Bevor ihr jedoch unsere Ebene verlasst, verständigt ihr euch mit eurer Familie desselben Karma, um gemeinsam eine Mission zu übernehmen, ein Wachstum, eine Prüfung oder eine Weihung, die es euch ermöglicht, zur Liebe Gottes, zur Schwingung der vollkommenen göttlichen Liebe aufzusteigen.

In unserem konkreten Fall sind Virginie und Eric Zwillingsseelen. Sie haben sich vor dem Abstieg auf ihre neue irdische Inkarnation geeinigt.

Eric erklärte sich bereit, sich für eine gewisse Zeit in diese schwierige Situation zu begeben, jedoch nicht mehr als zehn Jahre, damit Virginie, seine Zwillings-

seele, die Familie der Erlösung, dem Verständnis, der Nächstenliebe und dem Schmerz des anderen näher bringen kann.

Durch die Gewissheit, sie sei gegen jede Beeinträchtigung gefeit, konnte diese Familie die göttliche Liebe nicht erkennen. Sie verstand nicht, dass der Weg zu Gott nicht für bestimmte Menschen reserviert ist, sondern jedem offen steht, sei er arm, reich, intelligent, Analphabet, lebendig oder tot, gesund oder behindert.

Euch steht der Weg frei, die Kraft der göttlichen Liebe wieder zu finden. Befreit euch von eurem Egoismus und eurem oft unvollkommenen Verständnis für die Liebe.

Ja, Eric und Virginie hatten beschlossen, für den Aufstieg der ganzen Familie den Weg der Liebe zu gehen.

Nun schaut alle, was passiert ist. Halleluja!

Dankt, geht in euch, denkt nach! Die Wahrheit ist so schön, so einfach, wenn man sie von hier aus betrachtet.

Versucht es.

Michael, der Lehrer

Kurz nach Hugos Rückkehr wandte sich die ganze Familie Eric zu, um ihm zu helfen und ihn besser zu verstehen.

Die meisten der Familienmitglieder waren durch Erics Leid sensibilisiert und investierten Zeit, Liebe und Geld in Vereine für behinderte Kinder. Sie gründeten sogar eine Selbsthilfegruppe, in der sich Eric, der nun fünf Jahre alt ist, sehr wohl fühlt. Er lacht und lärmt mit seinen Spielkameraden und entwickelt sich prächtig.

Mit hingebungsvoller Liebe sorgen Hugo und Virginie für Eric und seine kleine Schwester Chloé, die gerade auf die Welt gekommen und so wieder mit ihrer karmischen Familie vereint ist.

6

Warum Fabien?

Die Schaukel fliegt hoch und höher und trägt die laut lachende Clara dem Himmel entgegen: »Fabien, hör auf! Sonst falle ich noch herunter!«, ruft sie fröhlich.

Der Sommer geht seinem Ende entgegen. Reife Früchte hängen an den Ästen, die der jungen Frau übers Gesicht streifen. Sie lacht vor Glück. Fabiens Augen blitzen, als er sie atemlos in die Arme schließt.

Lange drückt er sie an sich. Claras Herz schlägt wild gegen seine Brust. Er atmet den Duft ihrer Haare, ihr Parfüm.

Sie lacht noch immer über ihre Angst, kuschelt sich in seine Arme, fühlt seine Kraft, genießt die Sicherheit, die unendliche Harmonie, die seit dem ersten Augenblick zwischen ihnen herrscht.

Es war Liebe auf den ersten Blick. Daran hatte sich in den letzten zehn Jahren nichts geändert. Als sie sich kennen lernten, spürten sie sofort, dass ihre Begegnung ein Wiederfinden war. Dieses Gefühl war übermächtig, eine zweifelsfreie Gewissheit.

Fabien erinnerte sich sehr gut. Er war schon fünfunddreißig und hatte bittere Erfahrungen hinter sich. War es sein Fehler? War es die Schuld der Frauen?

Alle Frauen, die er bisher kennen gelernt hatte, hatten ihn mit leeren Händen und bitterem Herzen zurückgelassen. Deshalb hatte er beschlossen, sich nicht mehr um die Liebe zu kümmern und sich ganz seiner Arbeit zu widmen.

Clara ihrerseits war durch zwei schmerzliche und aussichtslose Erfahrungen enttäuscht worden. Sie wirkte wie ein führerloses Schiff, das unsicher den Weg in den Hafen suchte.

Wohin führte der Weg und warum?

Inmitten des Dschungels der Aggressivität fühlte sie sich schwach und verloren – ein kleines Kätzchen, das schon mit dreißig an ihrem Leben verzweifelte.

Mit ganzer Seele klammerte sie sich an Fabien. Ihr gemeinsamer Weg erschien ihr so einfach, so klar. Sie lachten miteinander, teilten sich nächtelang ihre kleinen Geheimnisse mit und befreiten sich von ihren Enttäuschungen.

Mühen, Misserfolge, Ängste und Bitternis lösten sich in ihrem gegenseitigen Verständnis auf, verschwanden aus ihrem Leben.

»Ich habe den Eindruck, dass wir uns schon immer gekannt haben«, sagte Clara eines Tages, erstaunt über ihre Symbiose.

Fabien blühte auf, wurde unter dem Einfluss seiner jungen Frau sanfter, während er ihr Selbstvertrauen und Ausgeglichenheit schenkte.

Zehn Jahre Glück, Aufbau und Entwicklung, um eng miteinander zu verschmelzen. Beide waren sich der großen Chance, die ihnen das Leben bot, bewusst.

»Ich bin nur mit dir zusammen ein vollständiger

Mensch«, flüsterte Clara ihrem Fabien in den intimsten Augenblicken ins Ohr.

Fabien teilte dieses Gefühl und stellte erstaunt die völlige Übereinstimmung mit Clara fest. Er, der Harte, der Starke, der nie einen anderen Menschen brauchte, war nun eins mit dieser Frau, der er vom ersten Tag an wie selbstverständlich sein Leben anvertraut hatte.

Es war eine Tatsache. Sie hatten sich gleich erkannt und brauchten keine Fragen zu stellen. Weder sie noch er hätten etwas anderes tun können. Das war schon seit Jahren so.

Sie ergänzten sich so gut, dass der Wunsch nach einem Kind nie aufgekommen war. Wenn ihre Freunde sie danach fragten, antworteten sie ausweichend und unbeschwert: »Vielleicht später einmal.«

Von Jahr zu Jahr war Clara durch das Zusammenleben mit Fabien reifer geworden, selbstsicherer. Jetzt machte ihr das Leben keine Angst mehr. In den letzten Jahren war sie erwachsen geworden und nahm ihr Leben selbst in die Hand.

Durch Fabien hatte sie an Selbstbewusstsein und Urteilskraft gewonnen.

»Eigentlich verdanke ich ihm alles«, dachte sie.

Als sie es ihm sagte, fühlte sich Fabien geschmeichelt, doch in seinem tiefsten Innern glaubte auch er, dass Claras Reife seinem Einfluss zu verdanken war. Umgekehrt meinte sie, dass sie viel zur Ausgeglichenheit ihres Gatten beigetragen hatte.

An jenem Morgen im Herbst regnete es sintflutartig. Clara stand am Fenster. Sie schob die schweren Vorhänge zur Seite, die das Zimmer verdunkelten, und schaute hinaus.

Fabien räkelte sich im Bett, drehte sich noch einmal um und wachte dann auf: »Oh, es ist schon acht. Ich muss aufstehen, ich muss doch nach Terville.«

Clara sah ihn erstaunt an.

»Heute? Das hast du mir gar nicht erzählt. Ich habe die Montoys zum Abendessen eingeladen.«

Fabien sprang aus dem Bett, wirbelte Clara herum und drückte ihr einen dicken Kuss auf den Nacken.

»Heute Abend bin ich wieder zurück. Ich nehme die Autobahn, das geht schneller.«

»Ok, ok! Um acht Uhr also?«

Es war wie üblich hektisch. Auch Clara musste zur Arbeit und war schon spät dran. Sie vergaß, Fabien zu küssen, und winkte ihm nur noch kurz zu. Durch die regennassen Scheiben las Fabien ihr von den Lippen ab: »Bis heute Abend!«

Clara setzte sich ans Steuer ihres kleinen roten Autos und fuhr viel zu schnell aus der Ausfahrt. Es herrschte dichter Verkehr. Sie würde wie so oft zu spät ins Büro kommen. Ein neuer Tag, die alte Routine.

Auf der Autobahn nach Terville war die Sicht sehr schlecht. Dichter grauer Regen trommelte auf die Fahrbahn. Die Welt hinter den Scheiben verschwamm.

Zwei Feuerwehrmänner folgten einem Notruf und rasten in ihrem roten Lastwagen über die Autobahn zu Kilometer 104. Ein schwer beladener Laster war frontal auf eine große graue Limousine geprallt.

»Es gibt zwei Verletzte«, erklärte ihnen die Gendarmerie über Funk, »einer in dem PKW, der andere in dem Lastwagen.«

Sie ließen die Sirene heulen und bahnten sich ihren Weg an den stehenden Fahrzeugen vorbei zum Unfallort.

Der Aufprall musste sehr heftig gewesen sein. Der PKW war unter den Lastwagen gerutscht und hatte sich verkeilt. Überall lagen zerknautschte Blechteile. Die Retter holten einen leblosen Körper aus dem PKW und legten ihn vorsichtig am Straßenrand ab. Die Polizisten kümmerten sich um den verletzten Lastwagenfahrer.

Der Fahrer lebte noch. Er versuchte zu sprechen, doch aus seinem weit geöffneten Mund drang nur noch ein letzter Seufzer.

Aus dem Mund des Verletzten lief Blut. »Mist!«, murmelte der junge Feuerwehrmann traurig. »Er ist tot.«

Der Arzt, der gerade am Unfallort angekommen war, beugte sich über den Verletzten, schob die Hand unter seine Jacke und legte sie behutsam auf das Herz.

Nüchtern bestätigte er: »Es ist vorbei …«

Einige Minuten später holte der Gendarm ebenso behutsam die Papiere aus der Jackentasche des Toten.

Laut las er:

»Fabien Ronsac – ich benachrichtige die Familie.«

*

Clara lief vom Telefon zum Fax. Heute Morgen war die Hölle los. Sie war nervös, weil sie die Akten, die der Chef gleich anfordern würde, noch nicht fertig hatte. Hoffentlich musste sie heute Abend nicht länger bleiben.

Die Gäste kamen schon früh. Sie hatte längst noch nicht alles erledigt. Außerdem konnte ihr ja auch Fabien heute nicht helfen. Wahrscheinlich kam er wie immer in letzter Minute aus Terville zurück.

»Clara! Clara!«

Nancy stand mit dem Telefonhörer in der Hand am Schreibtisch und winkte ihr.

»Komm schnell, jemand will dich dringend sprechen.«

»Das ist bestimmt Slego. Seine Akte ist noch nicht fertig. Was soll ich ihm nur sagen?«

Clara gab Nancy zu verstehen, dass sie nicht zu sprechen sei. Aber Nancy blickte sie nur seltsam an und rief aufgeregt: »Clara, komm schnell! Es ist wichtig!«

Clara hielt den Hörer ans Ohr. Eine üble, unpersönliche Stimme sprach völlig unverständliche Sätze. Ein schrecklicher Schmerz zerriss ihr das Herz. Unvorstellbare Worte schwirrten ihr durch den Kopf.

Unfall? LKW? Regen? TOT? Fabien TOT?

In diesem Moment starb auch sie. Sie fiel in einen Abgrund. Eine riesige Welle trug sie fort, in die sie gerne für immer versunken wäre. Ihre Gedanken drehten sich um eine einzige Frage: Fabien? Warum Fabien? Wir waren doch so glücklich!

Nathanaël übermittelte uns mithilfe des automatischen Schreibens folgende Antwort:

Fabien und Clara sind Zwillingsseelen, die gemeinsam abgestiegen sind. Sie hatten diese Inkarnation gemeinsam geplant, denn Claras Seele war viel schwächer als Fabiens. In ihren anderen Leben war sie nicht in der Lage gewesen, eigenständig zu handeln und ihre eigene Mission zu erfüllen.

So beschlossen sie, ihre Seele zu heilen, damit sie selbstständig wachsen konnte: Selbstlosigkeit, göttliches Wissen, Frieden mit anderen und geteiltes Leiden.

Fabien blieb also bei ihr und begleitete sie, bis Claras Seele erwachsen war und sie allein handeln konnte.

Damit war Fabiens Mission dieser Inkarnation erfüllt und er konnte wieder aufsteigen (Unfall oder Krankheit, die Art und Weise spielt keine Rolle).

Zur Verwirklichung ihrer Seele musste Clara allein gelassen werden.

Auf sich allein gestellt, kann Clara der Welt viel mehr geben, die Stufen der Liebe schneller hinaufsteigen als zusammen mit Fabien. Das Zusammenleben mit ihm war wunderschön, brachte sie jedoch ab einem bestimmten Zeitpunkt auch nicht mehr weiter.

Mit göttlicher Erlaubnis wird Fabien, ihre Zwillingsseele, sie nun von dort oben ermutigen und beschützen, denn Fabien kennt die Fortsetzung des Weges.

Clara wird sich vom großen Schmerz dieses Verlustes erholen. Da es ihm gelungen ist, sie erwachsen und stark zu machen, wird sie endlich auf dem Weg der Selbstständigkeit fortschreiten.

Sie wird sich um Kinder, die sie selbst nicht hat, kümmern, wird zahlreiche gute Taten begehen und dadurch eine wundervolle Inkarnation auf dem Weg zur Liebe erfüllen.

Wenn es so weit ist, wird sie die Erde verlassen und sich zu ihrer Zwillingsseele begeben. Ihr könnt euch nicht vorstellen, welch ein Freudenfest dann gefeiert wird.

In ihrer nächsten Inkarnation wird sie mit ihrer Karma-Familie wiedergeboren werden. Dann wird Fabien ihr Sohn sein. Diese neue Entwicklung bringt sie dem Verständnis der göttlichen Liebe, der christlichen Liebe näher.

Gleichzeitig werden auf der Erde verblendete Menschen klagen: Warum ist Clara, dieser gute Mensch, von uns gegangen?

Warum hat Gott diese herzensgute Frau zu sich gerufen? Es sind immer die besten, die abtreten müssen – weshalb gibt es die Ungerechtigkeiten.

Doch liegt nicht das wahre Leben, die größte Freude darin, endlich zu uns, zum allmächtigen Vater aufzusteigen, wenn man seine Mission erfüllt hat?

Diese Freude, wenn man die Seinen wieder findet, Erfüllung erfährt, habt ihr selbst in euren intensivsten Glücks- und Liebesmomenten noch nicht erlebt.

Wann hört ihr endlich auf, die wenigen Jahre, die

ihr von Zeit zu Zeit auf der Erde verbringt, mit solcher Verblendung zu betrachten?

Lest das Evangelium, Christus hat es euch oft genug erklärt. Wann fallen euch die Schuppen von den Augen?

Dankt diesem Karma, dem Rad der Wiedergeburt, das es uns erlaubt, zur Vollendung der unendlichen Liebe Gottes aufzusteigen.

Wäre der Weg nicht einfacher und leichter zu akzeptieren, wenn ihr das irdische Leben im Lichte Gottes unter einem weiteren Horizont betrachten könntet?

Blickt von der göttlichen Ebene auf euer irdisches Leben, nicht umgekehrt.

Wenn ihr euch auflehnt, leidet ihr wie ein Tier, das nicht weiß, dass der Schmerz, den ihm der Tierarzt auf dem Operationstisch zufügt, nur seiner Rettung dient.

Betrachtet euren Egoismus kritisch, wenn es euch gut geht.

Ist es nicht genau dieses Leiden, das euch voranbringt?

Es ist nicht Gottes Wille, dass ihr leidet. Alle Freuden und Mühen habt ihr selbst gewählt, um zu einer höheren Ebene des Verstehens und der Liebe zu gelangen.

Wenn ihr die Augen weiterhin verschließt, war eure Wiedergeburt sinnlos. Ihr werdet zornig und voller Auflehnung die Erde verlassen und den Aufstieg zum Vater nicht finden. Das ist schmerzhaft und unnütz.

Verlangt nach dem Licht, auch wenn eure Seele verschlossen ist.

Frieden.

Nathanaël, Engel Gottes

7

Sarahs schlaflose Nacht

Bevor Sarah die Wohnungstür schließt, wirft sie ihrer Tochter und ihrer Enkelin noch eine Kusshand zu und lauscht den Geräuschen des Fahrstuhls, der ihre beiden Lieben ins Erdgeschoss bringt.

»Ja, Mama! Schau doch mal, ob du welche findest. Ich würde sie gerne sehen.«

Kurz zuvor hatte ihre Tochter Sibylle sie gebeten, ein paar Kinderfotos herauszusuchen, weil sie meinte, als Kind genauso ausgesehen zu haben wie ihre kleine Tochter. Capucine war ein charmantes kleines Teufelchen und hatte mit ihren zwei Jahren die Herzen der ganzen Familie erobert.

Sarah seufzte. Als sie jung war, hatte sie kein großes Interesse am Fotografieren, denn sie war damals nicht sehr glücklich und wollte das nicht auch noch dokumentieren.

Doch wie sollte sie das fünfundzwanzig Jahre später ihrer Tochter erklären? Als junge Mutter hatte sie sich große Mühe gegeben, die Glückliche zu spielen. Obwohl aus ihrer Tochter trotzdem eine glückliche und vom Leben verwöhnte Frau geworden war, konnte sie sich nie durchringen, mit ihr darüber zu sprechen. Diese Zeit lag so weit zurück.

Doch nun hatte sie es versprochen und überlegte, wo sie noch andere Fotos aufbewahrt haben könnte.

»Vielleicht sind sie in den weißen Kartons, die ich vor fünfzehn Jahren beim Einzug ganz oben in den Schrank geräumt habe.«

Entschlossen ging sie zum Schrank und glaubte, dort Erinnerungen und Kinderfotos ihrer Tochter zu finden, doch, ohne es zu wissen, tauchte sie in ihr eigenes Leben ein. Als sie auf der Leiter stand, um die vergrabenen Erinnerungen herunter zu holen, glitt ihr die Dose der Pandora aus den Händen.

Mit einem dumpfem Schlag landete die Schachtel auf dem Boden. Die leicht vergilbten Fotos – einige in Farbe, andere schwarz-weiß – flatterten durch den Flur.

»Ach, nein!«, schimpfte Sarah.

Eilig stieg sie von der wackligen Leiter und sammelte auf dem Boden kniend die Fotos ein.

Eine braun gebrannte, schlanke junge Frau mit geschickt hochgestecktem Haar küsst einen hübschen jungen Mann in Uniform. Hinter ihnen Schiffe, ein nicht genau erkennbarer Hafen.

Sarahs Magen verkrampfte sich. Diese entzückende junge Frau sollte sie gewesen sein? So jung, so verliebt und sichtlich traurig über den Abschied von diesem charmanten Soldaten?

Sie hatte dieses Foto seit über zwanzig Jahren nicht mehr angesehen. Es schmerzte sehr, sich verliebt und verträumt wieder zu sehen. Mit zwanzig! Kaum vorstellbar, dass die daraus entstandene Ehe ein solches Fiasko geworden war.

Angeekelt warf sie das Foto auf den Stapel, den sie nicht mehr zu berühren wagte, als wäre er ein Schlangennest, dessen giftige Bisse man fürchten musste.

Für einen Augenblick verharrte sie regungslos, dann griff sie doch zögernd nach den glänzenden Fotos.

Dieses hier war kurz nach der Scheidung entstanden. Ihr Gesicht war gealtert, müde, zerstört durch die Jahre der Enttäuschung und des Leids. Auf den Knien hielt sie Sibylle, die zahnlos, aber fröhlich lachte.

Diese Zeit war geprägt von Verzweiflung und Einsamkeit. Das nächste Foto war einige Jahre später in Paris entstanden, als sie dorthin gezogen war, um wieder bei Xavier zu sein. Er hatte ihr nie verheimlicht, dass er verheiratet war, doch sie glaubte, den Zustand ertragen zu können.

Als sie sich dann jedoch aufgrund einer »vernünftigen Entscheidung« trennten, wäre sie vor Kummer fast gestorben. Das Bild zeigte, wie sie sich an Sibylle klammert.

Die Dose der Pandora erfüllte ihre Aufgabe. Sarah wurde neugierig, fühlte sich mit einem Mal von den Fotos unwiderstehlich angezogen, die ihr in düsteren, bewegenden Bildern von den Niederlagen erzählten, die sie in der Liebe immer wieder erlitten hatte.

Wie vom Fieber ergriffen, sortierte sie alle Fotos, holte sich sogar eine Lupe, um auch die kleinsten Einzelheiten erkennen zu können. Wie hatte sie es nur angestellt, sich gefühlsmäßig überhaupt nicht zu binden, nichts aufzubauen?

Und der da? Hatte sie sein Foto nicht zerrissen und

weggeworfen? Diese Beziehung hatte sie völlig ruiniert. Vier Jahre ihres Lebens hatte sie ihm geschenkt und ihre ganzen Ersparnisse.

Von diesem Mann hatte sie ihr zweites Kind. Eines Morgens war er verschwunden, ohne sie zu fragen, ob sie vielleicht Hilfe brauchte...

Die ganze Nacht ließ Sarah ihr Leben durch die zitternden Hände gleiten.

Wie lange hatte sie schon hier gesessen und auf ihre Vergangenheit geblickt?

In ihren Tränen spiegelte sich der Schmerz, der wie ein längst verloschener Vulkan plötzlich wieder aufbrach.

Doch der Lavastrom verbrannte ihr Inneres, schüttelte sie, ließ die Wunden wieder aufbrechen, wenngleich von Nostalgie gefärbt und vom Schleier der Weisheit und der Hinnahme verhüllt.

Warum konnte sie nie so glücklich sein wie ihre Freundinnen, die fast alle den Mann ihres Lebens gefunden hatten?

Warum nur?

Sarah saß inmitten der verstreuten Fotos und verstand die Welt nicht mehr.

Jedes Mal hatten die Männer erklärt, wie leicht das Zusammenleben mit ihr war, wie angenehm und schön...

Als die Vögel im benachbarten Park zu singen anfingen und die blasse Sonne ins Fenster schien, kehrte Sarah von einer langen Reise aus der Tiefe der Nacht, der Tiefe ihres Lebens zurück.

Der alte Schmerz war plötzlich von ihr abgefallen, als hätte es ihn nie gegeben.

Erfüllt von innerer Gelöstheit stand sie langsam auf und ging ins Bad. Als sie in den Spiegel sah, erkannte sie die Züge dieser Frau nicht, zu der sie geworden war.

Sie mochte dieses Gesicht nicht, in dem die zweite Hälfte des Lebens ihre Verwüstungen hinterlassen hatte. Doch in ihren Augen, die sich nicht verändert hatten, tanzten jetzt Lichter des Glücks und des Friedens, die in den Augen der jungen Sarah nicht zu erkennen gewesen waren.

Rasch räumte Sarah die Fotos auf und schloss die Dose der Pandora, die sie so bald nicht wieder öffnen würde. Zurück blieben Porträts ihrer Kinder, als sie noch klein waren.

»Zumindest habe ich euch noch«, murmelte sie zärtlich.

In langen schlaflosen Nächten dachte Sarah über das Warum, die Ungerechtigkeit, die Misserfolge und die Einsamkeit nach, fand jedoch keine Antwort für ihren seltsamen Lebensweg, den uns die himmlischen Wesen mittels automatischen Schreibens erklärten, ja fast offenbarten.

Guten Abend, mein Kind,

ja, die Zeit vergeht, das Leben vergeht und man versteht nicht, warum es ein Leben lang nicht gelungen ist, etwas aufzubauen. Aber wie du schon sagst, Sarahs Seele war gut, jeder kam gut mit ihr aus. Trotzdem hatte sie viel nachzuholen.

Bevor sie ihren Mitmenschen gegenüber ihre Einsamkeit eingestehen konnte, musste sie zunächst ihr Karma reinigen.

Ihre Seele erlebte in ihren Inkarnationen, sei es als Mann oder als Frau, immer nur Unterdrückung.

Manchmal wurden ganze Völker unterdrückt, manchmal die kleinen Leute.

Sie erklärte sich bereit, nichts aufzubauen, denn dann hätte sie das Verdienst für sich selbst in Anspruch nehmen können. Deshalb wurde ihr auferlegt, sich nur in Problemmänner zu verlieben, sodass die Beziehungen unausweichlich zum Scheitern, zur Brutalität, zum Egoismus und zum Diebstahl verurteilt waren.

Die Folge waren weitere Fehlschläge. Doch wir wachten über sie, umsorgten ihre Seele trotz ihrer Mission, trotz des auferlegten Karmas.

Denn befreit von ihrem Ego, nach Überwindung der Rivalitäten und Versöhnung mit der Liebe, findet sie Frieden im Licht Christi und wird zum Ende dieser Ära, zum Ende des Zyklus ein lebender Zeuge unserer Präsenz.

Verstehst du? Auf diese Weise reinigt jeder sein Karma, reinigt sich, befreit sich von seinem Ego, von seinen Schlacken, wird sanftmütig und duldsam.

Je älter die Seele wird, desto weiser wird sie und desto näher kommt sie der Liebe.

Schau diese egoistischen Menschen an, stolz, ohne jede Toleranz, ohne Mitgefühl, bewohnt von jungen unreifen Seelen, die erst sehr wenige Inkarnationen durchlebt haben.

Schritt für Schritt entwickeln sie sich in der Liebe. Manche Seelen, die zu rasch hinabsteigen, ohne die erforderliche, von ihren Führern, Engeln oder geistigen Begleitwesen angeratene Vorbereitung, erleben durch ihren Aufenthalt auf Erden einen Rückschritt.

Sie verfallen leider dem totalen Materialismus, hassen ihre Nächsten, lassen sich von materiellen Gütern ködern.

Wenn Gott sieht, dass sich diese Seele im Materialismus verliert, wenn er erkennt, dass kein Funke des Lichts und der Liebe je wieder sprühen wird, holt er sie mithilfe ihres Führers zurück.

Das weiß nur Er, denn manchmal scheint die Seele nur im Bösen zu leben. Manchmal kann es ein todesnahes Ereignis sein, das sie verwandelt und das Licht verstehen und erkennen lässt.

Deshalb dürft ihr Menschen nie urteilen, denn ihr kennt das Geheimnis der Seelen nicht, oft kennt ihr nicht einmal das Geheimnis eurer eigenen Seele.

Also liebt, versteht, verzeiht, doch verurteilt nicht, denn ihr wisst nichts von diesen Seelen, die ihr nach dem ersten Eindruck beurteilt.

Stellt euch die Anzahl der früheren Leben vor, deren Spuren ihre Erinnerung trägt.

Stellt euch das tiefere Warum ihrer Handlungen vor, die oft durch ein Karma vorgegeben sind, durch das sie sich reinigen möchten und von dem ihr nichts wisst.

Betet, dass das Licht sie erleuchten möge, oder betet zumindest für die Bereitschaft dieser Wesen, es wahrzunehmen.

Betet, damit sie anderen so wenig wie möglich Böses tun, denn dies würde ihr Karma noch mehr belasten.

Mitgefühl, Verständnis und Entschlossenheit auf eurem Weg. Lasst Gott urteilen, ob sie in dieser Inkarnation noch eingegliedert werden können oder nicht.

Gestattet Ihm, sie zurückzuholen, wenn keine Hoffnung mehr besteht, ihre Mission zu retten. Dann kehren sie in die göttliche Ebene zurück und erleiden entweder eine lange Einsamkeit oder eine neue Schulung, die ihr Bewusstsein weckt und ihre in einem zerstörerischen Tanz eingeschlossenen Erinnerungen befreit.

Jeder geht seinen eigenen Weg, Gott wacht über jede unserer Schwingungen. Der göttliche Plan ist so groß, so majestätisch, er führt zur Einheit der Liebe.

Matthäus

8

Stéphanes Traum

Ingrid beugte sich über den Arzt, der auf der Couch des Wartezimmers lag und im Schlaf schrie.

»Herr Doktor! Herr Doktor! Ist alles in Ordnung? Wachen Sie auf! Herr Doktor!«

Im wilden Galopp trommeln die Hufe auf die ockerfarbene Erde der Toskana. Waffengeklirr vermischt sich mit den Schreien der Reiter. Unter bleierner Sonne trieft der Schweiß von den Pferdeleibern.

Ein Mann wird verfolgt. Es ist zum Halali geblasen. Der Mann sieht sie näher kommen, er ist erschöpft, vom schnellen Laufen auf der Flucht von Baum zu Baum, Strauch zu Strauch völlig außer Atem. Er keucht und kann fühlen, ja er weiß, dass sie da sind, dass dies das Ende ist.

Unter dem fleckigen, zerfetzten Umhang schlägt sein Herz im Rhythmus der Angst. Schon sind die Hunde da, schnüffeln an ihm, knurren drohend. Soll er sich ergeben? Ihm bleibt wohl keine andere Wahl. Soll er sich lieber gleich umbringen? Aber er hat keine Waffe mehr.

Seine Armee ist zerschlagen, seine letzten Kampfgenossen haben sich vor dem Feind in Sicherheit gebracht. Cäsars Heer hat sie besiegt. Er, ihr Anführer, hat verloren. Der Staatsstreich richtet sich nun gegen die Aufrührer. Er ist allein und wird dafür bezahlen.

Furchtbare Angst erfasst seine Eingeweide, eine Angst, die sein Stolz mit aller Kraft von sich weist, vor der sich sein geschundener Körper jedoch beugen muss.

Cäsars Männer umzingeln ihn, zielen mit Lanzen auf ihn, beleidigen ihn.

Warum töten sie ihn nicht gleich?

Ein Netz wird über ihn geworfen, es umschlingt und erstickt ihn beinahe. Das Gebrüll der Männer lässt ihn vor Entsetzen erstarren.

»Markus, du hast Cäsar verraten und wirst sterben. Doch du stirbst nicht als Erster! Deine drei Söhne werden vor deinen Augen bei lebendigem Leib verbrannt.«

Ein Pferd zieht ihn wie ein Stück Vieh hinter sich her, doch er, Markus, kann voller Schmerz nur an seine Söhne denken.

»Nein! Nicht sie! Nicht dieses Grauen!«

Auf einem Platz inmitten einer entfesselten Menge stößt man ihn brutal auf das Pflaster. Blut läuft ihm über die Augen. Verschwommen sieht er den Scheiterhaufen, auf dem seine Söhne, mutig und blass, gefesselt liegen. Davor halten zwei Soldaten seine Frau Fabia fest, die vor Entsetzen laut brüllt.

Es ist alles seine Schuld. Wegen seines Stolzes, seiner Machtgier und seiner Herrschsucht werden sie alle umkommen. Seine Söhne! Als die Flammen den Scheiterhaufen erfassen, sieht er, wie seine Kinder den

Mund vor Schmerz weit aufreißen. Doch das Knacken und Knistern des Holzes übertönt ihre Schreie, Rauch hüllt sie ein und verbirgt sie vor seinem ausdruckslosen Blick.

Fabia bricht zusammen.

Er schreit, dass ihm fast die Stimmbänder reißen.

»Herr Doktor! Herr Doktor! Was ist mit Ihnen? Wachen Sie auf. Herr Doktor!«

Unter den drängenden Worten und dem energischen Schütteln seiner Assistentin wachte Stéphane endlich auf.

Benommen richtete er sich auf und versuchte, sich zu orientieren. Er befand sich im Raum neben seinem Sprechzimmer auf der Couch, auf der er sich nur einige Minuten ausruhen wollte. Ingrid, seine Assistentin, stand verlegen vor ihm.

»Ich ... ich habe Sie schreien hören. Da habe ich mir erlaubt ... na ja, Sie aufzuwecken und ...«

Stéphane kam von weit her. Die Hände vor dem Gesicht und immer noch unter dem Einfluss des Albtraums, der ihn schon jahrelang heimsuchte, murmelte er: »Nein, nein, Ingrid, das ist schon in Ordnung. Das war aber auch eine anstrengende Woche, nicht wahr?«

Ingrid wand sich verlegen.

»Ja, Doktor, und morgen ist Weihnachten. Deshalb würde ich jetzt gerne gehen. Können Sie das verstehen?«

Mühsam richtete sich Stéphane auf. Wie Blei lasteten seine Gefühle noch auf ihm und es dauerte eine Weile, bis sie allmählich schwächer wurden.

»Natürlich, Ingrid, natürlich. Frohe Weihnachten.«

Freudig verließ Ingrid den Raum und ließ Stéphane benommen zurück. Vorsichtig stand er auf, trat vor den Spiegel, legte die Hände an die Wangen und betrachtete sich missbilligend.

»Dieser verfluchte Albtraum kommt immer wieder. Wenn ich Sandrini davon erzähle, lacht er mich aus. Er hat schon genug Psychopathen in der Praxis.«

Wie ein kleiner Junge streckte er sich die Zunge heraus, doch das passte nicht zu ihm. Aus dem Spiegel blickte ihn ein gut aussehender Mann an, dessen Jugend schon etwas verblasst war.

»Tränensäcke unter den Augen! Vergrößerte Leber! Ich werde alt.«

Kritisch zupfte er mit zwei Fingern an seiner Gesichtshaut, ließ sie wieder los. Unter den hartnäckigen Falten ahnte man die Züge des jungen Mannes, der er noch zu sein glaubte. Doch heute Abend entdeckte er den anderen.

War das wirklich sein Gesicht, in dem er einen Mann erkannte, der er nicht sein wollte?

Er wusste nicht, wie er seine Jugend verloren hatte. Mit jeder Ohrfeige, die ihm das Leben verpasst hatte, mit jedem Kratzer, jedem Biss war er allmählich älter geworden.

Traurige kleine Lachfalten umgaben seine trotz allem jung gebliebenen Augen. Ihre Farbe milderte das Aussehen seiner zu rasch ergrauten Haare.

»Ich arbeite zu viel. Dieser verfluchte Albtraum gibt mir noch den Rest. Warum kommt dieser Traum in regelmäßigen Abständen immer wieder?«

»Kann ich die Praxis abschließen, Herr Doktor?«

Stéphane zuckte zusammen. Es gefiel ihm gar nicht, im Augenblick der Wahrheit, in dem er sich ohne Maske angreifbar und zerbrechlich fühlte, überrascht zu werden.

Er rang nach Fassung und sagte mit seiner typischen Doktorenstimme, die Ingrid gut kannte und vor der sie Respekt hatte: »In Ordnung, Ingrid. Schließen Sie alles ab. Und vergessen Sie nicht, dass wir ein paar Tage zu Freunden fahren. Vereinbaren Sie bitte vor Mittwoch keine Termine.«

»Ja, ja, ich weiß, Herr Doktor. In Notfällen übernimmt Doktor Lasain Ihre Vertretung.«

Ingrid bebte vor Ungeduld, sie wollte gehen und freute sich auf die Atmosphäre, die sie draußen auf der Straße erwartete. Auch sie würde sich jetzt endlich unter die fröhlichen Menschen mischen. Das Weihnachtsfest des Chefs war ihr völlig gleichgültig. Pierre wollte sie abholen und wartete nicht gerne.

Stéphane überlegte, ob sie ihn wohl bei seiner lächerlichen Nummer vor dem Spiegel beobachtet hatte. Es war ihm wichtig, auf keinen Fall das Gesicht zu verlieren oder seinen Panzer abzulegen und sei es nur für einen Augenblick.

»Also bis Mittwoch, Herr Doktor.«

Zu Hause erwartete ihn seine Frau. Doch er hatte keine Lust, nach Hause zu gehen. Er fühlte sich einsam und schuldig. Seit Jahren verfolgte ihn dieser Traum. War es ein Vorwurf?

In seinem Innern erkannte Stéphane das Drama seines Lebens: Er hatte nie Kinder gewollt. Die Bitten seiner Frau hatte er stets vehement zurückgewiesen, ebenso ihre drängenden Fragen.

Jetzt hatte sie resigniert, verlangte nichts mehr, glich einer erloschenen Flamme, einem Wesen, das man seines Eigenlebens beraubt hatte. Sie verbrachte ihre Tage zwischen gespielter Fröhlichkeit und unsagbarer Traurigkeit wie eine alternde Heranwachsende, die nicht erwachsen werden konnte.

Stéphane kannte die Gründe ihrer Apathie. Laura wäre gerne Mutter geworden, ohne diese Erfüllung verdorrte sie.

Er selbst konnte sich trotz seiner Liebe zu ihr nie durchringen, Nachkommen zu zeugen. Großes Leid verband er damit.

Warum musste er wieder und wieder im Traum die Folter seiner angeblichen Söhne durchleben?

Zeigte ihm dieser Traum die Vergangenheit? Die frühere Vergangenheit? Das Versagen in einem anderen Leben?

Zum ersten Mal beschloss er, mit Laura darüber zu reden. Vielleicht verstand sie die Gründe seiner unerklärlichen Angst. Vielleicht konnte sie ihm helfen, seine Abneigung zu überwinden.

*

Wie viele von uns wurden schon von einem Traum überrascht, ja sogar heimgesucht?

Was bedeutet ein Traum? Gehört er zu jenen Erinnerungen, die unsere Seele, diese große Raum-Zeit-Reisende, mit der Ewigkeit verbindet?

Die himmlischen Wesen haben uns mittels automatischen Schreibens dieses Phänomen des Zurückblickens, der geträumten zerrissenen Erinnerung erläutert.

Mein Kind, wenn ihr wüsstet wie präsent wir in euren Träumen sind. Einige von euch begegnen uns sogar und sind sich dessen nicht bewusst.

Es ist der Moment, in dem sich euer physischer Körper »abkoppelt«, freimacht.

Wenn das geschieht, kann sich der Schwingungskörper oder ätherische Körper, der euren physischen Körper umgibt, mit uns in Verbindung setzen.

Der Prozess verläuft so: Alle eure Sinne koppeln sich ab. Ja, du hast richtig verstanden, als würdet ihr einen Stecker aus der Steckdose ziehen.

In diesem Moment braucht ihr keine Materie mehr oder nur ganz wenig – gerade genug, um durch die Nacht zu kommen.

Dann kommt eine Zeit der Stille, der Sammlung, damit sich eure Chakren, das sind eure Kontaktfenster zu uns, öffnen können.

In dem Maße, in dem ihr uns zuhört, entsteht der Kontakt.

Durch diese Öffnung angelockt, stellen sich auch

andere Wesen ein. Das kommt immer wieder vor, auch sie erhielten die göttliche Erlaubnis.

Stört euch nicht an dem Wort »Erlaubnis«, das bedeutet keine Einschränkung eurer Freiheit. Es heißt nur, dass ihr freiwillig beschlossen habt zu inkarnieren und solltet ihr mit einer bestimmten Aufgabe betraut sein, müsst ihr in einem freien Augenblick mit euren Führern darüber sprechen.

Wenn ihr auf der Erde diese Öffnung nicht verschließt, können wir auf diesem Weg mit euch in Kontakt treten.

Die Gegenwart, die der Träumer empfindet, ist sehr real, konkret und stark, denn die Schwingungen des Körperlosen an seiner Seite sind auch real, konkret und stark.

Seine Schwingungen sind in euch und euer Gehirn eingedrungen, eure eigenen in ihn.

Dieses Phänomen der gegenseitigen Durchdringung ist so stark, dass der Schläfer in der Gewissheit einer Gegenwart plötzlich davon aufwacht.

Er irrt sich nicht, es ist wirklich jemand an seiner Seite. Bei dieser Verschmelzung können Botschaften ausgetauscht werden – vom Gehirn des inkarnierten Schläfers zum telepathischen Verständnis des Körperlosen.

Denkt also über eure Träume nach. Versucht herauszufinden, was sie bedeuten. Glaubt den Worten eurer Verstorbenen, die ihr im Traum empfangt, denn in diesem Augenblick verbinden sich Schlaf und Schwingungsebene und verschmelzen miteinander.

Oft bemüht sich das Wesen tagsüber, mit euch Kontakt aufzunehmen. Doch ihr seid zu sehr damit beschäftigt, euren Trugbildern nachzujagen. Ihr umgebt euch mit Lärm, um eure Einsamkeit zu verbergen, sodass sie euch nicht erreichen und bei euch kein Gehör finden.

Betet, damit ihr sie hört. Betet mit großer Geduld, dass es ihnen gelingen möge, euch im Traum zu erreichen.

Wir sprechen von Geduld, weil es sein kann, dass eure Bitte erst nach langer Zeit erhört wird. Für einen ungeübten Körperlosen ist es schwer, das Stoffliche zu erreichen und dann einzudringen.

Verliert nicht den Mut, sonst verlieren sie ihn auch.

Bittet jeden Abend den Führer des Wesens, mit dem ihr Kontakt sucht, um Hilfe. Denn dieser Führer steht euerem Körperlosen zur Seite, wenn er noch nie gerufen wurde.

Sie müssen erst lernen, auf die Ebene der Materie hinabzusteigen.

Und es ist anstrengend. Verlangt nicht, dass sie den Weg in aller Eile zurücklegen, nur weil ihr glaubt, sie dringend zu brauchen.

Seid auch ihr geduldig mit ihnen.

Und schon bald, vielleicht in einigen Monaten eurer irdischen Zeit, fangen ihre Schwingungen an zu fließen und die himmlischen Wesen bringen euch die ersehnten Antworten.

Wenn diese Seelen nicht erreichbar sind, keinen Zugang zu den astralen Niederungen haben oder in ihrem himmlischen Aufstieg zu »jung« sind, ist es ihr Führer, ihr Engel, der sie dem Schutz anderer Engel überlässt und euch die Antwort oder den Kontakt verschafft.

Gott erlaubt niemals, dass einer geduldigen und liebevollen Seele ihr Trank, ihre Antwort, ihr »Durstlöscher« vorenthalten wird.

Geduld und Liebe! Besitzt ihr das? Seid ihr nicht vielmehr ungeduldig, neugierig, fordernd?

Dann übt euch in Geduld und lernt!

Manchmal bringt der Traum auch Erinnerungen an sehr intensive Erlebnisse, die sich durch affektive Belastung oder Schmerz im Gedächtnis eines Menschen eingebrannt haben.

So war es in der Geschichte mit Stéphane. Die Erlebnisse eines früheren Lebens waren vielleicht so intensiv, dass das Herz der Seele dadurch für immer gezeichnet blieb.

Natürlich sorgt Gott in seiner unendlichen Liebe dafür, dass ihr die Last früherer Leben vergesst, denn unter dieser Bürde könnt ihr keine Fortschritte machen – der Rucksack wäre zu sperrig und zu schwer.

Manche Schmerzen, manche Gefühle wie heftige Leidenschaft, eine das Herz zerreißende Enttäuschung oder eine unendlich große Liebe, hinterlassen auf der Seele Trübungen wie ein Obstfleck auf weißem Stoff.

Dieser Vergleich ist absichtlich gewählt, denn Früchte sind die Vollendung einer schönen und großartigen Leistung. Auf diese Weise hinterlässt jeder empfundene Schmerz unauslöschlich seine Spuren auf euren Seelen.

Diese Schmerzen dienen dazu, die Arbeit des Leidens in eurem neuen Leben voranzutreiben.

In Stéphanes Fall kehrte das Leid, das er zur Zeit seines römischen Lebens seinen Kindern angetan hatte, immer wieder zu ihm zurück. Das hinderte ihn jahrelang, in dieser Inkarnation Kinder zu haben.

Andererseits war seine Frau, von der ihr mir nichts erzählt habt, der Grund für die ständige Wiederkehr dieser Erinnerung. In ihren beiden vorangegangenen Inkarnationen wollte sie aus Egoismus nichts von Kindern und Mutterliebe wissen.

Daher hatte sie beschlossen, auf ihrer Rückkehr zur Erde den Schmerz der Kinderlosigkeit zu erleben und seine Bedeutung verstehen zu lernen, um sich später durch das große Glück einer Geburt für immer von ihrem Egoismus zu befreien, denn es war nicht leicht, das Kind aufzuziehen. Sie musste ihm jeden Augenblick ihres Lebens opfern und es waren Augenblicke einzigartiger Liebe.

Das Kind hat vor seinem Abstieg zur Erde diese Rolle bei ihr angenommen, um ihrer Zwillingsseele die Liebe zu erhalten.

Seht euch diese herrliche Kette der Liebe an, die diese Seelen in ihrer unendlichen Einfachheit gebildet haben, um sich so die gemeinsame Karma-Reise zu ermöglichen.

Stéphanes Blockade ermöglichte seiner Frau, ihre Sterilität als schmerzhaft zu empfinden.

Wenn er Frieden gefunden haben wird, werden sie ein Kind zeugen. Sie werden das Kind annehmen. Wegen seiner schwachen Gesundheit wird seine Mutter gezwungen sein, ihren Egoismus abzulegen und ihn durch Liebe zu ersetzen.

Diese Karma-Familie findet sich von Inkarnation zu Inkarnation wieder zusammen. Das ermöglicht ihren Begleit- oder Zwillingsseelen den gemeinsamen Schwingungsaufstieg in Gottes Mitte.

Seht das große Geheimnis der Liebe!

Johannes

Alle unsere Schmerzen, unsere Begegnungen, unsere Liebe haben einen Sinn. Unsere Karmas begegnen einander, beeinflussen sich gegenseitig und sind entweder die Ursache oder die Konsequenz unserer Entwicklung, der Entwicklung jener Seelen, mit denen wir gemeinsam auf die Erde hinuntergestiegen sind.

Aus dieser Sicht hat unser Leben einen Sinn, eine Logik, trotz des augenscheinlich blinden Verlaufs.

Später erfuhr ich, dass ein kleiner Pierre bei Stéphane auf die Welt gekommen war. Wegen Missbildungen der Hüften musste sich seine Frau ausschließlich dem Kind widmen.

Als ich sie das letzte Mal traf, strahlte sie trotz dieser Sorge vor Glück. Damals sprachen wir ausführlich über die lange vor der Zeugung des Kindes erhaltene Botschaft.

Viele Menschen werden von Träumen heimgesucht, in denen sie Menschen begegnen, die ihnen vertraut vorkommen. Auch werden intensive Augenblicke immer wieder durchlebt. Ich habe deshalb noch einmal um eine allgemeinere Erklärung als die sehr speziell auf Stéphanes Fall zugeschnittene Antwort gebeten.

Hatten wir nicht alle schon einmal den Eindruck, dass manche Träume einem »Déjà vu« oder »Déjà vécu«, einem Schon-einmal-gesehen- oder Schon-einmal-erlebt-Eindruck entsprechen?

Ist der Traum wirklich ein Kommunikationsmittel mit der Ebene der Körperlosen?

Michael, der lehrende Engel, der uns heute besuchte, lieferte uns die Antwort. Nachdem ich durch intensive Gebete versuchte, diesen Kontakt herzustellen und mich vor den Wesen der astralen Niederungen zu schützen, begann mein Stift die ersten Worte dieser Botschaft, der Antwort auf die Frage, die sich viele von uns stellen, zu schreiben.

Spiegel Gottes, Spiegel der Seelen, Spiegelungen, die wie bewegte Wellen fließen. Die Träume sind sanfte Wellen, die in beiden Welten, auf beiden Ebenen fließen.

Seht die Schwingung, seht die Wellenbewegung des erwachenden Denkens, des Überbewusstseins, das sich mit dem Wissen aus dem Jenseits mischt, den Erinnerungen gelebter Leben, deren Moleküle wellenförmig von Jahrhundert zu Jahrhundert bestehen, wie ihr es beschreibt.

Die Zeit des Traums ist der Moment, in dem ihr, befreit vom hektischen Tanz des irdischen Lebens, eurer tiefsten Seele Freiheit gewährt. Die Seele hält inne, ruht sich aus, vergisst Unruhe und Störung aus eurer physischen und verschmutzten Welt.

Sie beginnt wieder zu spüren, zu hören, zuzuhören, sich zu erinnern.

Nun kann die Seele empfangen. Es können Rufe von uns sein, Erinnerungen, die sich aus der Magma der universellen Vergangenheit und insbesondere aus unserer eigenen lösen.

Wie sieht diese Vergangenheit nun aus?

Die Vergangenheit ist gleichzeitig Gegenwart, denn im Fluss eurer ewigen Leben ist Zeit nicht gleich Zeit und eure Leben verschmelzen in einem mächtigen Rauschen.

Diese Schwingungsechos bringen die größten Freuden und größten Leiden mit sich, die ihr in euren früheren Leben empfunden habt.

In dem Fall, den du uns darlegst, hat sich das Leid und die Schuld des Mannes, der mit eigenen Augen seine Söhne verbrennen und seine Frau vor Kummer sterben sah, wie ein glühendes Eisen ins Fleisch seiner Schwingungserinnerung gebrannt.

Der Schmerz musste so groß sein, damit seine Erinnerung so stark sind, dass er geliebte Menschen nie wieder auf dem Altar seines Stolzes opfert.

Was du Erinnerungsfetzen nennst, sind oft Schleier, die gerade in diesem Augenblick zerreißen, um euch zu erreichen, zu warnen, zu Reaktionen veranlassen, um diese oder jene Tat zu verhindern, oder es sind Antworten auf den Ruf dieses oder jenes Menschen.

Die Träume sind Türen der Seele ins Jenseits. Wenn ihr darin einen geliebten Menschen seht, braucht er eure Gedanken, eure Liebe.

Er benötigt eure Hilfe für seinen Aufstieg.

Betet also, betet gleich beim Erwachen, damit er im Licht eurer Liebe Schutz findet und in den Schwingungen zu der Sphäre aufsteigen kann, in der die Führer bereits einen Platz für die Schulung der Liebe vorbereitet haben.

Es werden euch Träume erreichen, die ihr gleich versteht und andere, die ihr erst im Laufe der Zeit verstehen lernt.

Gott, der euch die Last der Ewigkeit von den Schultern genommen hat, bedient sich manchmal dieser Gegenwart, dieser Erinnerungen oder dieser Zeichen, um mit euch zu kommunizieren.

Also erhört sie.

Bittet um Hilfe, sie wird euch niemals verweigert.

Doch wenn ihr bittet, wappnet euch mit Geduld, Gelassenheit und Liebe.

Somit besitzt der Mensch einen schmalen Steg ins Jenseits.

Betet abends vor dem Einschlafen, stellt eure Fragen, ihr werdet Antworten erhalten.

Doch bevor ihr diese Fragen stellt, bittet euren Engel, euren Führer, euch Fragen einzuflüstern, deren Antworten eurer Seele Wasser und Licht bringen.

Vergesst alles Materielle, das interessiert die Welt

des Jenseits nicht, es ist nur eine Hürde zur Liebe, zur Entwicklung des göttlichen Bewusstseins im Menschen.

Fragt nicht Ahnungslose nach einer Erklärung eurer Träume. Das wäre gefährlich.

Fragt Gott nach ihrer Bedeutung und ihr werdet verstehen. Friede und Stille wird in eure Seele einkehren.

Auf diesem Wege und in den Augenblicken, wenn euer Bewusstsein offen ist, könnt ihr um Zeichen bitten und sie werden euch gegeben.

Vergesst nicht, dass nur Fragen, die mit Liebe und in der Liebe zu anderen gestellt werden, eine Antwort erhalten.

Verwechselt das Oberflächliche nicht mit dem Wesentlichen. In diesem Augenblick des Friedens, der Stille, der Öffnung und des Bewusstwerdens kann jedes Ding ein Zeichen sein: ein Satz in einer Anzeige, die ihr mit wissendem Lächeln lest, ein Buch, das euch zufällig in die Hände fällt, ein Film, ein Gespräch, in dessen Verlauf euch die Antwort gegeben wird.

Seid jedoch nicht taub und blind, schließt Frieden, bittet um diese Zeichen.

Nehmt sie an und ihr werdet nie wieder allein und ohne »Weg« sein.

Frieden. Erkennt uns eurem persönlichen Entwicklungsniveau entsprechend.

Der spontane oder erbetene Traum ist ein wertvoller Kanal der Verständigung.

Michael, der Lehrer

9

Schmerzliche Trennung

Viel zu schnell fuhr der Wagen über den breiten, vom Seewind freigeblasenen Weg. Pierre und Sophie waren schlecht gelaunt, sprachen kaum miteinander. Schon die ganze Woche waren sie beunruhigt wegen dieses Abends.

Pierre mochte diese Abendessen im Familienkreis nicht, immer musste er mit seinem Vater und oft auch mit seiner Mutter über das gemeinsame Landhaus reden. »La Renardière« sollte verkauft werden.

Niemand in der Familie wollte die Ferien dort verbringen. Für Pierre und seine Eltern war die Entfernung zu groß, um nur für ein Wochenende auf den Landsitz zu fahren.

In dem kleinen Dorf in der Nähe von Avignon, in dem hauptsächlich Bauern lebten, wirkte La Renardière ziemlich verlassen. Pierres Vater hatte es von seinem Vater und Großvater geerbt, doch jetzt hatte niemand mehr die Mittel, ein Haus auf dem Lande zu unterhalten, nur um ab und zu einmal hinzufahren.

Pierres Vater, Maxime, war fest entschlossen, es zu verkaufen, jedoch nicht ohne Pierres ausdrückliche Zustimmung, denn in seinem tiefsten Innern wusste er, wie sehr sein Sohn an diesem Haus hing, in dem er als Kind immer die Ferien mit den Großeltern verbracht hatte.

Pierre wiederum versuchte, seinen Vater zu überzeugen, dass er das Haus behalten müsse, obwohl er genau wusste, dass er kein Geld hatte, um zum Unterhalt des Hauses beizutragen.

Auch Sophie neben ihm fühlte sich unbehaglich. Gedankenverloren zupfte sie an den Blütenblättern der Teerosen, die sie ihrer Schwiegermutter mitbringen wollte.

Für sie war das Haus nicht so wichtig. Doch sie wusste, wie viel es Pierre bedeutete und sie kannte die beiden Männer nur zu gut. Sie waren innig miteinander verbunden, hatten jedoch auch den gleichen Charakter: Beide waren selbstsicher und sehr stolz und hatten deshalb leicht äußerst heftige Auseinandersetzungen.

Claire, ihre Schwiegermutter, und sie selbst wurden dann ganz schweigsam und zogen sich mit ängstlichen, manchmal schmerzlichen Gefühlen zurück.

Diese Streitereien gab es schon lange. Bereits als Schüler hatte Pierre stundenlang mit seinem Vater über ein Geschichtsdatum, eine mathematische Formel, einen bestimmten Ort und später auch über Philosophie und Politik diskutiert.

Für alle anderen war der ständige Streit sehr ermüdend. Die »Platzhirsche«, wie Claire die beiden Männer oft nannte, verhakten ihre Geweihe ineinander, gingen zerstört und erschöpft auseinander, ohne dass einer nachgeben wollte.

Und doch bewunderte Maxime seinen Sohn. Claire hatte ihn oft überrascht, wie er mit feuchten Augen am Bett seines schwer kranken Kindes gestanden hatte. Und wie oft hatte er die beiden einzigen Briefe, die Pierre von seinen humanitären Missionen im äußerst gefährlichen Ruanda geschrieben hatte, gelesen.

Die beiden mochten sich, bewunderten sich, konnten diese Zuneigung jedoch nicht anders als durch Konfrontation zum Ausdruck bringen.

Maxime wurde allmählich alt und Claire hatte Angst, er könnte sterben, ohne vorher mit seinem Sohn Frieden geschlossen zu haben. Wie Recht sie haben sollte.

Das Leben verläuft nicht immer, wie man es erwartet.

Im Auto zerrupfte Sophie weiterhin die Rosen, öffnete zerstreut ab und zu das Fenster und warf die Blütenblätter hinaus.

Als Pierre und Sophie in die Einfahrt vor dem Haus einbogen, kam ihnen Maxime, der gerade die Blumen goss, entgegen. Zur Begrüßung legte er den Gartenschlauch nieder. Pierre stellte fest, dass das Auto seiner Mutter nicht da war, und sagte kurz: »Lass den Strauß hier. Mama ist noch gar nicht da. Du kannst ihn ja dann holen, wenn sie kommt.«

Sophie drehte sich um und legte die Blumen auf den Rücksitz.

Anfangs verlief alles friedlich. Die etwas angespannte Stimmung löste sich, als Claire mit vollen Einkaufstüten in beiden Händen eintraf. In gespielt guter Laune fing Maxime an, von La Renardière zu sprechen.

»Ins Haus ist eingebrochen worden. Die Leute haben im Wohnzimmer ein Feuer angezündet. Stellt euch das mal vor. Es hätte alles abbrennen können, doch nur die Balken sind ein bisschen angekohlt. Da wir nicht mehr hinfahren, halte ich es für das Beste, es endlich zu verkaufen.

Pierre fühlte, wie sich sein Magen zusammenzog, als seine Mutter zustimmte: »Dein Vater hat Recht. Du weißt ja, dass wir das Haus nicht mehr halten können.«

Pierre schwieg noch immer, suchte nach einem Argument, das sie umstimmen könnte. Maxime hielt sein Schweigen für Ablehnung.

»Auf jeden Fall kannst du es nicht bezahlen!«

»Was soll das denn heißen?«

Pierres Stimme klang verdächtig leise. Sophies Haut begann zu kribbeln. Achtung! Gefahr!

Doch Maxime ließ nicht locker: »Nun, mein Junge. Das soll heißen, dass du kaum für deine Frau sorgen kannst. Wie willst du denn die anfallenden Reparaturen an unserem Sommerhaus bezahlen?«

Pierre fing den Ball im Flug: »Hättest du mich machen lassen, was ich wirklich wollte, das Studium, das ich wollte, dann sähe jetzt alles anders aus!«

Diese Worte bedeuteten Krieg. Machtlos mussten Claire und Sophie einer sinnlosen Auseinandersetzung beiwohnen. Eine solche Abrechnung hatten sie noch nicht erlebt.

Der ganze Groll, der alte Frust brach auf beiden Seiten hervor, bis der Sohn die Haustür hinter sich und seiner Frau zuknallte und der alte Hirsch erschöpft zurückblieb.

Weiß wie ein Laken saß Maxime im Wohnzimmer, er hatte starke Magenschmerzen. Claire weinte, während sie ihren Sohn verteidigte.

Auf der Straße versuchte Sophie Pierre zu beruhigen, der seine Wut am Steuer ausließ. Ganz leise murmelte er Sätze, die sie nur teilweise verstand: »Alles verdorben ... Schluss ... Jetzt reicht es endgültig!«

»Fahr doch bitte langsamer! Beruhige dich doch«, flehte sie.

Den Lastwagen sah sie zuerst. Er fuhr fast links. Als Pierre ihn wahrnahm, war es schon zu spät.

Sie schrie noch: »Pierre! Nein!«

Wenige Minuten später verkohlte neben dem ausgebrannten Wrack ihres Autos ein zerfleddertes Teerosensträußchen in den kleinen roten Flammen, die über die Straße tanzten.

Maximes und Claires Kummer kannte keine Grenzen. Pierres Vater war überzeugt, seinen Sohn durch seinen Zorn umgebracht zu haben. Er verließ sein Bett nicht mehr. Gewissensbisse belasteten ihn, verzehrten seine letzten Kräfte. Wo war Pierre, sein geliebter Sohn, jetzt? Gab es ihn noch? Konnte er ihm je verzeihen, dass er nur an sich selbst gedacht hatte?

Claire glaubte daran, dass es ein Jenseits gibt. Konnte Pierre ihren Schmerz sehen oder fühlen?

Das schuldbeladene Schweigen hielt an, Maxime

wollte lieber sterben, als mit dieser Last weiterzuleben.

Wenn er an einem anderen Ort »lebte«, hatte Pierre ihnen verziehen? Hasste Sophie ihre Schwiegereltern jetzt?

Wie dumm er gewesen war. Immer wollte er nur Recht haben. Warum? War es sein Stolz, der seinen Sohn das Leben gekostet hatte?

Auch Claire fühlte sich schuldig. Sie war immer zu nachgiebig gewesen. Nie war es ihr gelungen, sich zwischen die beiden Männer zu stellen, die sich doch eigentlich geliebt hatten, dessen war sie sich sicher. Sie hätte mit jedem einzeln sprechen müssen, um vielleicht eine Annäherung herbeizuführen.

Nur, warum hatte sie es nicht getan?

Eine Geschichte wie die von Pierre, Claire und Maxime geschieht häufig, wenn auch nicht immer in der gleichen Konstellation. Viele Menschen treten die große Reise ganz plötzlich an, haben keine Zeit mehr für Erläuterungen, Entschuldigungen, Liebeserklärungen.

Ich habe deshalb die göttlichen Wesen, die mir jetzt wie einem wissbegierigen Schüler sehr oft antworten, gefragt.

Der Augenblick der Trennung einer Seele von ihrem Körper ist ein heikler, schmerzlicher Moment, das dürft ihr nicht vergessen.

Denn die Seele, die sich von ihrem Körper trennt,

weiß, dass sie mit dem geliebten Menschen nicht mehr kommunizieren kann, den sie so plötzlich mitten im Streit, mitten in der Dissonanz – ein Begriff, der unseren Schwingungsbeziehungen besser entspricht – verlässt.

Sie weiß, dass sie jetzt nicht mehr so problemlos mit den anderen sprechen kann. Das ist schmerzlich. Allerdings ist dieser Augenblick sehr kurz, denn sehr rasch, blitzschnell, wird die Seele durch ihre Reise in eine andere Ebene abgelenkt und vergisst bald das Schwingungschaos, das durch den Streit oder auch nur durch eine anhaltende Verbitterung ausgelöst wurde.

Dann beruhigt sich alles, sie wird auf den großen Pfad geleitet und freundlich empfangen. Die Seelen zeigen ihr dann »ihren Korb« und noch einmal alles, was er vom Aufenthalt dieser Seele auf der Erde enthält.

Die Seele sieht dann alles Böse, das sie ihren Nächsten angetan hat, sie ist erschüttert und möchte am liebsten gleich zurückkehren, um sich zu entschuldigen, um dem anderen zu erklären, dass ihre Streitereien völlig unnötig gewesen waren. Denn sie entdeckt nun plötzlich, dass das Leben nichts weiter als eine karmische Reise ist.

Ein Gefühl von Hass oder Groll bleibt nicht zurück, nur die Bitte, die Zurückgebliebenen mögen für sie beten. Die Seele ist nun damit beschäftigt, ihr »Jenseits«, wie ihr es nennt, zu entdecken.

Eine Zeit lang vergisst sie, was sie unten auf der

anderen Ebene zurückgelassen hat, der Ebene der Inkarnierten, denn sie ist erstaunt und erschüttert über alles, was sie hier erkennt.

Die meiste Zeit beurteilt sie die Zeit, die Ewigkeit dessen, was sie schon mit dem Menschen erlebt hat, den sie mit seinen Schuldgefühlen auf der irdischen Ebene zurücklassen musste.

Sie möchte am liebsten sagen: »Das ist nicht mehr wichtig, denn ich habe dich geliebt, liebe dich und werde dich immer lieben.«

Ja, diese Vorstellung von Zeit ist für euch schwer zu verstehen, denn, ich sage es noch einmal, diese Zeit ist nicht eure Zeit. Die Zeit ist nur eine andauernde Gegenwart, deren Kraft ihr euch nicht vorstellen könnt.

Die Seele hat zwei Wege: Entweder muss sie wegen eines Entwicklungsirrtums lange Zeit (nach eurer Vorstellung) an einem Ort der Einsamkeit verbringen und meditieren, bevor sie sich dem Licht zuwenden darf, oder sie besteht aus Licht und muss sich nun zu denen aufschwingen, die schon jetzt ihre Rückkehr feiern.

Wenn also Pierres Seele durch ihr Leben auf der Erde dazu bestimmt ist, zum Licht aufzusteigen, ist das Verzeihen, das sie Maxime, der Seele mit Schuldgefühlen auf der Erde, schicken wird, vollständig und unverzüglich.

Das soll Maxime wissen, damit er keine Schuldgefühle mehr zu haben braucht.

Pierre, als göttliche Seele, hat dieses Gefühl verges-

sen, doch er bittet ihn um die für seinen Aufstieg notwendigen Gebete. Nur noch daran denkt er jetzt, dass seine irdische Familie für ihn beten möge.

Er würde dann viel schneller zum Licht aufsteigen. Der häufige Streit hat sich in seiner Vorstellung in Luft aufgelöst, es gibt ihn überhaupt nicht mehr.

Pierres Lichtseele braucht Hilfe, Liebe von den Inkarnierten, die ihn begleitet haben.

Wenn sie durch seine irdische Reise belastet ist, hindert sie der Groll und Hass daran aufzusteigen, denn sie würde nicht einmal wissen, dass das Licht existiert.

Die Seele ist damit beschäftigt zu fliehen und einen Fluchtweg aus den astralen Niederungen zu suchen und vergisst euren Streit sofort, weil er ihr völlig unwichtig erscheint.

Die Schwingungen der Rachsucht und des Hasses werden weiterhin in ihr einen ungeordneten und schmerzhaften Schwingungszustand verursachen. Auch dann können ihr nur die Gedanken der Liebe von der Erde helfen.

Steigen diese Gedanken nie auf, wird die Seele im Bereich der großen Einsamkeit »kauern«, ja, das ist euer Wort. Dort regieren die Kräfte des Bösen, die nur vor der Liebe fliehen wie die Flamme vor dem Wasser.

Schickt also diese Liebe, schickt den Seelen dieses Wasser, das ihr getrübt habt, auch wenn ihr meint, dass sie Unrecht hatten.

Das gibt es nicht mehr. Der Einsatz ist viel höher

als alle irdischen Probleme, unabhängig davon, wie groß sie euch selbst erscheinen.

Ist es der Seele gelungen, sich zum Licht aufzumachen, hat sie die Sinnlosigkeit eures Streits so klar erkannt, dass sie euch nur noch Gedanken und Ströme der Liebe schickt.

Seid ihr in der Lage, sie zu empfangen?

Lasst sie nicht abprallen, schickt sie nicht zurück. Übermittelt ihnen eure Liebe.

Dieser friedvolle Austausch verschmilzt eure beiden Seelen in nie erlangter Erkenntnis.

Merkt euch, im Jenseits ist nichts klein, nichts engstirnig.

Bremst den herrlichen Weg der Liebe nicht durch eine kleinliche und unsinnige Schuld.

Liebt, schickt Liebe, diese Schwingungen nähren die Seele des Menschen, dem ihr so vieles angetan habt, die ihr nun bedauert.

Bedauert nichts mehr.

Ihr bremst seine Entwicklung, ihr verstärkt seinen Schmerz, weil er sieht, dass ihr ihn nicht versteht.

Liebt ihn, sagt es ihm, sprecht niemals wieder über das Negative in eurer Beziehung. Redet mit ihm über eure Liebe und ihr werdet fühlen, wie zwischen euch friedliche Bande entstehen.

Auf diese friedliche Weise könnt ihr euch gemeinsam entwickeln und euch wiederfinden. Bittet darum, euch im Traum wieder sehen zu dürfen, und habt Geduld zu warten, bis eure Schwingungen endlich zusammenfinden und verschmelzen dürfen.

Durch diese wieder gefundene Beziehung der Liebe erwarten euch weitere gemeinsame Leben im Rad der Wiedergeburten.

Vertreibt das Negative, indem ihr euch Liebe schickt, denn der andere ist euch sehr nahe und nimmt sie mit Freuden entgegen.

10

Véras Kind

Der Frühling kommt nur zögernd, zeigt vorsichtig erste Knospen. Leise und sanft verabschiedet sich die Natur vom Winter. Véra genießt den klaren Ostermorgen, an dem die fröhlichen Glocken das Land mit ihren frischen Klängen tränken.

Zitterndes Glück, flüchtiges Bild von Schokoladeeiern, die in einem Nest aus frischem Gras entdeckt werden.

»Bei Opa im Elsass? Wer bringt denn nun die Eier? Sag doch, Mama?«

»Das habe ich dir doch schon hundert Mal erzählt, Franck, es sind die Osterhasen.«

»Hasen oder Glocken… Ich gehe nachschauen, was ich bekommen habe!«

Seine braunen Augen glänzen fröhlich, während er aus dem Zimmer seiner Mutter und die Treppe hinunterläuft, um sein Osternest zu suchen.

»Natürlich glaube ich es, wegen der Schokolade!«, ruft er ihr noch zu. »Schokolade schmeckt herrlich, das weißt du doch!«

Sie hört ihn die frisch gewachste Eichentreppe hinunterspringen, ein kleiner Husar. Ein kurzes Innehalten: Die große Vase im Flur hat dem Husarenangriff standgehalten. Die Tür wird aufgerissen, aufgeregte Schritte auf dem Kies. Zum x-ten Mal in den vergangenen zwölf Jahren murmelt sie mit klopfendem Herzen und feuchten Augen: »Ist er nicht süß, ich liebe ihn so sehr.«

Mit einem Kopfschütteln spöttelt sie über sich selbst: lächerlich und rührend.

Ein lauer Aprilmorgen wird zum glücklichen Augenblick, weil ein Kind auf dem Rasen Schokoladeeier sucht, vor Freude laut jubelt. Ihm auf den Fersen folgt Bijou, eine kleine Promenadenmischung mit Hängeohren.

Trotz der trockenen Kälte, gegen die die schwache Frühlingssonne nichts ausrichten kann, öffnet sie das Fenster. Franck weiß, dass sie ihm zuschaut, er dreht sich zu ihr um, die Haare vom Wind zerzaust. Er ist schrecklich aufgeregt.

Durch die plötzlichen Freudenschreie ganz aus dem Häuschen, rast der kleine Hund mit der Nase auf einer Spur im Zickzack durch den Garten. Offenbar jagt er nun auch das Wild, das sein Herrchen verfolgt. Franck findet tatsächlich Schokolade! Unzählige kleine Eier in einem Strohnestchen, das Véra und Marie gestern Abend in der großen Tanne versteckt haben.

Dieser Brauch hat bis heute nichts von seinem Charme verloren. Franck sitzt im Gras und teilt seine Beute mit Bijou, der entzückt mit dem Karamellbonbon kämpft, das ihm an den Zähnen klebt. Fröhliches Lachen.

Véra kommt mit einem liebevollen Lächeln in den Garten und setzt sich neben die beiden ins Gras. Die Luft ist frisch und mild. Franck schmiegt sich glücklich an sie, Schokolade satt, jung und zärtlich wie ein stürmisches kleines Tierchen.

Sie empfindet leise Nostalgie. Wenn Jungen groß werden, entfernen sie sich zunehmend von ihrer Mutter.

»Früher oder später muss er dich ›umbringen‹. Dafür liebt er dich nachher umso mehr«, sagte eine ihrer Freundinnen. »Lass ihm mehr Luft, du erstickst ihn, vor allem seit dem Tod deines Mannes.«

Er wird sie also verlassen. Ausgehöhlt und leer wird sie die Arme nach ihm ausstrecken, doch er wird an anderen Ufern leben, glücklich und unbeschwert. Er wird andere Freundinnen haben, andere Freunde und für sie wird dann kein Platz mehr sein in seinem Leben.

Plötzlich ist ihr kalt.

»Komm, wir gehen ins Haus!«

»Noch nicht. Darf ich noch mit Bijou spielen?«

Er reißt sich los, heftig, sorglos, ohne Gedanken an die übermäßige Liebe, die sich nur auf ihn konzentriert. Manchmal fühlt sie noch heute zwischen ihren Beinen das Gewicht des Neugeborenen, das der Arzt nach der Entbindung mit seiner ersten Windel umhüllt und in ihren Arm legte.

Überrascht hatte sie damals das unglaubliche Glücksgefühl wahrgenommen, das dieser erste Kontakt in ihr auslöste. Es war wunderbar zu beobachten, wie sich ihr Kind, das sich gerade erst von ihr gelöst hatte, von der Anstrengung der Geburt erholte.

Als sie dann die namenlose Wiege mit dem Säugling neben ihr Bett geschoben hatten, war ihr klar geworden, dass dieses Gefühl reine Liebe war, die Liebe zum eigenen Fleisch und Blut.

Früher hatte sie geglaubt zu lieben, doch erst durch dieses Kind hatte sie die Macht, die Heftigkeit, die Vollständigkeit dieser Liebe erleben dürfen.

Ein Kind!

Ein immer neues Wunder, ein Kind, das ihr geschenkt wurde, ein Geschenk. Sie schaute Franck mit Tränen in den Augen an und von da an lebte sie in seinem Atem, durch sein Leben.

Jetzt friert sie an diesem strahlenden Ostersonntag.

Beunruhigt wirft sie einen Blick zur Haustür, hört das Lachen des Kindes, das dem Hund nachläuft. Die Straße ist ganz nah, er darf sie nicht überqueren.

Vor dem herzzerreißenden Quietschen der Bremsen und dem Schrei, der sie erstarren lässt, hat sie eine Vorahnung: ein eiskalter Schauer. Dann geschieht plötzlich alles gleichzeitig: die Stimme des Kindes, das Auto, das mit einem Ruck zum Stehen kommt.

»Franck!!!«

Sie weiß nicht mehr, wo sie ist, was sie tut, ob sie weint oder seufzt. Sie weiß nicht mehr, dass sie ihr verletztes Kind unter den Rädern dieses Wilden, der auf sie einredet und den sie überhaupt nicht hört, heraus zieht und in die Arme nimmt.

»Es ist nicht meine Schuld, er ist einfach über die

Straße gelaufen, er rannte dem Hund nach und hier ...«

»Mein Kleiner, sag doch was!«

Aus der offenen Wunde am Kopf sprudelt stoßweise eine helle Flüssigkeit und vermischt sich mit der Schokolade um den Mund.

Jemand sagt: »Den Verletzten nicht bewegen.«

Véra versteht nicht. Wie konnte das geschehen? Noch vor wenigen Augenblicken saßen sie im Gras und lachten und freuten sich gemeinsam.

Leise seufzt sie vor ihrem verwundeten Kind, vor ihrem Kleinen, der bleich und bewegungslos in ihren Armen liegt.

»Franck, mach die Augen auf. Sag doch was!!!«

Eine Sirene, weiße Kittel, im Hintergrund die Osterglocken ...

»Wir machen das schon«, sagt ein Sanitäter. »Wunden im Gesicht sehen immer schrecklich aus, Sie brauchen sich keine Sorgen zu machen.«

Sie schwankt, stolpert, als man ihr den Sohn aus den Armen nimmt. Auf dem Ärmel bleibt ein Fleck zurück, den sie entsetzt anstarrt. Klinik, Äther, Gerüche, die schreckliche Erinnerungen wachrufen.

Allein und völlig aufgelöst bleibt sie bewegungslos vor der Tür des Operationssaals, zu dem ihr der Zugang verwehrt wurde, stehen. Sie spricht mit sich selbst, sehr leise, ungläubig: »Nicht mein Kind, nicht mein Sohn, nein! Was machen sie mit ihm? Er wird sterben. An einem Sonntag im Frühling, am Ostersonntag. Nicht mein Kind ...«

Ihr Herz zerreißt, gequältes Fleisch, blutleer.

»Mein Kind… Meine ganze Liebe…«

Wie bei der Geburt, ihr Kind gekreuzigt.

»Ich habe dich so lieb. Komm zurück!«

Eine Krankenschwester kommt aus dem OP. Véra stürzt zu ihr, schaut sie erwartungsvoll an.

»Ich bin die Mutter, sagen Sie mir…!«

Ein müder Blick angesichts des immer gleichen, immer wiederkehrenden Leids.

»Alles in Ordnung, gnädige Frau, die Operation ist gleich zu Ende!«

»Ja, aber…«

»Der Chirurg sagt Ihnen dann Bescheid. Setzen Sie sich. Bitte haben Sie noch Geduld!«

Einige Sekunden lang bleibt sie sitzen. Ihr Kopf fühlt sich an wie in einem Schraubstock. Die Buchstaben OPERATIONSSAAL tanzen vor ihren Augen, fließen ineinander, wie hinter einem dünnen Vorhang.

Beim geringsten Geräusch schreckt sie auf. Sie wagt es nicht mehr, die Krankenschwestern und Ärzte, die durch diese heilige Tür treten, anzusprechen. Sie schaut sie nur fragend an, liest ihren Ausdruck. Gleichgültigkeit, während sie vor Sorge fast vergeht.

»Wenn er nicht mehr herauskommt, sterbe ich«, knirscht sie durch fest zusammen gebissene Zähne.

Es muss ein Albtraum sein. In Wirklichkeit ist sicherlich gar nichts passiert. Sie greift sich selbst am Arm, um sicher zu sein, dass sie nicht schläft. In ihrem Kopf hämmert es. Welche Hände, welches Skalpell wühlt emotionslos im Fleisch ihres Kindes?

Sie beugt den Kopf, lässt die Schultern hängen und wartet, zusammengekauert, Übelkeit im Mund.

»Zeit ist dehnbar, relativ. Zeit ist, was man darin sieht«, sagte ihr Philosophielehrer oft. Jetzt erst versteht sie diesen Satz.

Diese eine Stunde kostet sie zehn Jahre ihres Lebens, ihr Gesicht ist eingefallen, von innen verzehrt.

Die Flügel der Tür haben sich bewegt. Véra steht mit einem Ruck auf, bis zum Zerreißen gespannt. Der Chirurg lächelt, spricht schon mit dem Kind.

»Mama, hast du Angst gehabt?«

Angst? Mein Schatz! Schlimmer. Du bist da, du lächelst, ein Verband um den Kopf, die Augen fröhlich. Deine Hand zappelt lebhaft in meiner. Was für ein Glück! Oh, Glück!

»Und Bijou, hat er nichts abbekommen, Mama?«

Wie schön, wieder gemeinsam zu lachen. Sie weiß nicht mehr, was sie sagen soll, verspricht alles, lacht und weint gleichzeitig, folgt dem Bett, das in ein Zimmer geschoben wird.

Franck schläft ein, atmet leicht, während sie bei ihm wacht, aufmerksam und dankbar. Die Krankenschwester geht hinaus, Véra bemerkt es kaum.

Unter dem Verband lugt eine schwarze Haarsträhne hervor, legt sich auf die Stirn des Kindes. Sie beugt sich vor, küsst die kleine Locke, nimmt den Geruch ihres Kindes wahr.

Die wenigen Tage im Krankenhaus vergehen wie Ferien zu zweit. Sie haben sich wieder ihre kleine Welt geschaffen. Sie bleibt die ganze Zeit bei ihm, Videospiele, Gameboy, sie lachen gemeinsam, streiten wieder, sind zusammen, zu zweit. Schon bald darf er das Krankenhaus verlassen.

Da steht eines Tages plötzlich Patrick vor ihr.

Erinnerungen werden wach, die der Verstand nicht vertreiben kann. Während des Klinikaufenthalts hatte sie nicht an ihn gedacht, obwohl er der Chefarzt dieser Klinik ist. Er war auf einem Kongress in Guadeloupe gewesen. In warmen, sonnigen Ländern versprechen Kongresse immer mehr Erfolg als zu Hause.

Als er zurückkehrt, ist er braun gebrannt, entspannt und erfährt natürlich, dass sein Neffe eingeliefert wurde. Doch Véra kennt ihn und als er überaus fröhlich und lachend das Zimmer betritt, geht sie automatisch in Verteidigungsposition.

Was passiert hier?

Unter Freudengeheul packt Franck das Geschenk aus, das ihm sein Onkel mitgebracht hat. Der verkündet grinsend: »Es ist acht Uhr abends, ich entführe dir deine Mutter! Sag nicht nein. Ich habe mich erkundigt, heute Abend läuft ein sehr spannender Film im Fernsehen!«

Véra protestiert: »Ich möchte ihn abends nicht allein lassen«, erklärt sie sanft.

»Und was ist mit den Krankenschwestern! Ich nehme dich ja nur zum Essen mit. Komm nur!«

Dieses »Komm nur« klingt hart, wie ein Befehl. Ihr Bruder will offenbar mit ihr reden. Franck geht es gut, sie kann ihn kurz allein lassen. Das Kind lacht, zeigt die herrlich weißen Zähne.

»Kommt aber nicht zu spät zurück!«

»Keine Sorge, mein Großer, die Pforten meiner Klinik schließen früh.«

Einschalten des Fernsehgeräts als Babysitter, Küsschen, Küsschen. Auf der Straße ist es warm. Patrick nimmt Véras Arm, sehr sanft.

Sie lächelt.

»Ich habe das Gefühl, dass ich desertiere, doch es ist ein angenehmes Gefühl. Ein bisschen frische Luft, ein Tapetenwechsel!«

Dann, dicht an seinem Ohr: »Was ist los? Probleme?«

Ihr Bruder hält ihr die Tür des Wagens auf, steigt selbst ein, fährt jedoch nicht los. Ein leises Prickeln macht sich in ihrem Nacken bemerkbar. Diese Situation gefällt ihr nicht. Sie will wissen, was er ihr zu sagen hat, jetzt gleich.

»Also?«, fragt sie besorgt und mit rauer Stimme.

Patrick legt beide Hände flach auf das Lenkrad, reibt die Daumen aneinander, schaut sie nicht an. Sie kennt diese Geste.

»Véra, wir haben ein sehr großes Problem.«

Für einige Augenblicke schwebt sie noch im Niemandsland der Ahnungslosigkeit, der Gelassenheit. Nur noch wenige Sekunden, die letzten ihres Lebens. Zerbrechliche Sekunden, die sie festhalten muss, um nicht in den Abgrund zu stürzen.

Starr geradeaus blickend murmelt sie: »Du?«

»Nein. Hör mir zu. Nach Francks Unfall und bevor er operiert wurde, haben wir Untersuchungen durchgeführt. Der Dienst habende Internist hat seine Arbeit sehr ernst genommen, als er im Labor eine vollständige Analyse machen ließ. Da stellte sich heraus, dass etwas nicht stimmt.«

Véra sitzt bewegungslos da, steif. Ihre Hände sind feucht, die Augen trocken. Sie fröstelt, hat noch immer nicht verstanden.

»Was stimmt nicht?«, fragt sie leise.

Patrick dreht sich zu ihr um, nimmt sie in den Arm. Sie sträubt sich, er streicht ihr über die Stirn.

»Was?«, brüllt sie.

Das Urteil wird durch seine sanfte Stimme kaum gemildert: »Franck ist krank, sehr krank. Er muss in der Klinik bleiben, wir müssen ihn behandeln. Es ... es ist unbedingt notwendig, dringend. Sofort!«

Am liebsten würde sie ohnmächtig umsinken und gleichzeitig lachen! Ihr lustiger, fröhlicher, »lebhafter« Sprössling! Sie bricht in ein schmerzliches Lachen aus, das ihr schier die Brust zerreißt. Das Herz schlägt zum Zerspringen.

Sie wirft den Kopf zurück.

»Was hat er denn? Patrick, bitte!«

»Du bist stark genug. Ich denke, ich kann dir die Wahrheit sagen, oder?«

Sie zuckt zurück, ungläubig. Sie drückt die flache Hand auf den Mund, natürlich ist sie stark genug, hart wie Feuerstein, so hart, dass sie fast daran zerbricht. Aber nicht, wenn es um Franck, um ihren Kleinen geht. Oh, Patrick, Gnade, schreien ihre Augen, doch ihre Stimme befiehlt: »Sag mir die Wahrheit!«

»Wir glauben… wir sind sicher, dass er eine sehr schwere Krankheit hat.«

Sie streckt beide Hände von sich, schreit auf.

»Nein, das ist nicht wahr, Patrick, ich bitte dich! Ist es Krebs? Leukämie?«

Wie schrecklich! Er antwortet nicht! Nichts, kein Wort. Sie ist allein mit ihrer Hoffnungslosigkeit, dem lautlosen Aufschrei ihres Herzens, ihrer Weigerung. Sie wirft sich auf ihn, sucht seine Augen, denn Augen lügen nicht.

Mit tränenfeuchtem Mund bettelt sie: »Das ist es, nicht wahr? Kann er behandelt werden? Ist…«

Und ganz leise: »…er heilbar?«

Patrick findet nicht den Mut, ihr alles zu sagen, nicht alles auf einmal. Soll sie sich ruhig ein wenig Hoffnung bewahren. Mit der Zeit wird sie es selbst erkennen.

»Wir bekommen ihn schon wieder hin, weißt du! Viele schaffen es!«

Véra ist erschüttert. Warum Franck? Wieder ein Albtraum, bestimmt wacht sie gleich auf. Sie kann keinen klaren Gedanken fassen.

Die Zeit vergeht, Patrick versucht, ihr ungeschickt und etwas holprig Mut zuzusprechen.

»Die Medizin hat große Fortschritte gemacht, verstehst du? Es ist nur eine Sache von ein paar Monaten. Und durch diesen Autounfall haben wir die Krankheit noch im Anfangsstadium erkannt. Du darfst den Mut nicht verlieren. Er soll nichts merken. Ich stehe dir bei, wir schaffen das schon.«

Der Schmerz hat sie schon fortgerissen, weit weg, wo niemand sie mehr erreichen kann. Ihr Bruder schüttelt sie, Minuten vergehen.

»Wenn du möchtest, Véra, schlafe ich bei ihm. Wir werden gleich morgen mit der Behandlung anfangen.«

»Nein, nicht heute Abend. Der gehört mir. Bitte nicht heute Abend. Lass uns noch ein wenig allein.«

Er bringt sie an die Tür, bleich, mit geröteten Augen, doch das Wunder geschieht. Er sieht, wie sie sich aufrichtet, Puderdose und Lippenstift herausnimmt, um ihrem blutleeren Gesicht wieder Leben einzuhauchen. Der Clown legt seine Maske an.

Die Mutter leidet, ein strahlendes Lächeln auf den Lippen: »Hallo, mein Kleiner, hoffentlich waren wir nicht zu lange weg!«

Patrick weiß, dass Franck nur noch zwei oder drei Monate bleiben kann. Es wird relativ schnell gehen. Soll er schweigen? Véra verbringt jede Minute bei ihrem Sohn. Sie genießt es bis zum letzten Tropfen, hofft, dass ihre Liebe stark genug ist, die Krankheit zu besiegen.

Doch von Tag zu Tag verändert sich Francks Gesicht, wird blasser und schmaler.

»Was ist los, Mama?«, fragt er. »Ich bin dauernd müde. Wann darf ich wieder nach Hause?«

Seit einem Monat bekommt er Transfusionen und Medikamente. Sie will aufbegehren, versucht, ihrem Bruder die Wahrheit zu entlocken. Doch er lässt sich nicht provozieren.

»Du weißt doch, dass das nicht mein Fachgebiet ist, doch die Kollegen tun, was sie können.«

Sie sieht krank aus, abgemagert, die Zähne fest zusammengepresst.

»Ich will es wissen, hörst du? Du darfst mir nichts verschweigen. Wie viel Zeit bleibt uns noch?«

»Das kann man nicht genau sagen.

»Nein! Ich will keine Geduld haben. Wenn uns wirklich noch Hoffnung bleibt, gut, dann kannst du auf mich zählen. Wenn es allerdings schon bald sein wird, dann möchte ich nicht, dass er seine letzten Tage in einer Klinik verbringt. Ich möchte, dass er im Sonnenlicht stirbt, verstehst du?«

Sie hat die Stimme erhoben, fordernd. Er kann nicht mehr zurück, er weiß, dass sie leidet, dass sie schon sehr weit gegangen ist, eine Lüge würde sie ihm nicht verzeihen.

Er senkt den Kopf und murmelt: »Vielleicht noch einen Monat.«

Sie zuckt zurück, als hätte er sie geschlagen. Hatte sie wirklich damit gerechnet, dass es schon so bald sein würde? Plötzlich findet Patrick, dass sie sehr gealtert wirkt.

Véra drückt beide Hände an den Mund, als müsse sie eine plötzliche Übelkeit zurückdrängen. Geschüttelt von trockenem Schluchzen, grau, bedauernswert.

»Meine kleine Véra …«

»Ich möchte, dass er glücklich ist. Wir werden in den Süden fahren. In der Sonne stirbt man nicht so schnell, oder?«

Und in einem Aufschrei: »Ich liebe ihn so sehr, verstehst du ...«

*

Gequält lächelnd packt sie die Koffer. Franck ist kraftlos, doch er tut sein Bestes. Eines Abends am Strand fleht er sie plötzlich an.

»Ich werde doch nicht sterben, oder Mama?«

Und doch nimmt ihn ein Sonnenaufgang fort, sorglos und unbeschwert. Véra nimmt ihr Kind in die Arme, blickt in die strahlende Sonne, die nun für andere aufgeht.

Bleich und abgemagert legt sie sich in das breite Bett vor dem großen Balkonfenster mit Blick auf das Meer.

Eine Möwe nimmt im Flug ihren herzzerreißenden Schrei mit.

*

Warum muss ein unschuldiges Kind sterben? Wozu dient dieser Schmerz, der uns wie eine grenzenlose Verschwendung, wie eine große Ungerechtigkeit erscheint?

Hier die Erklärung, die uns gegeben wurde und die bewegend und logisch erscheint, wenn man Véras und Francks gemeinsame Reise, ihr Karma betrachtet.

Wie könnt ihr den schnellen oder schmerzlichen Tod eines Unschuldigen verstehen, wenn ihr nichts über sein Karma wisst, nichts über das, was er für eine sehr kurze Zeit in eurer Nähe durchleben wollte?

Deshalb das Aufbegehren, der alles zerreißende Schmerz über den Verlust des Kindes, das völlige Unverständnis über diesen raschen Rückzug aus eurem Leben.

Im Falle dieses Kindes erklärt die mit seiner Mutter lange vor ihrer gegenwärtigen Inkarnation erlebte Geschichte die Ursachen dieses Todes, dieser so schmerzlichen Rückkehr zu uns.

Franck ist die Zwillingsseele seiner Mutter, gemeinsam haben sie viele Inkarnationen durchgestanden und sie hatten sich versprochen, als Seelen, die sich sehr nahe stehen, sich gegenseitig in der Entwicklung ihrer göttlichen Spiritualität zu unterstützen.

Véra hatte sich in eurer Welt in einer Bequemlichkeit ohne große Überraschungen, ohne Veränderungen niedergelassen, war in materiellem Reichtum erstarrt. Keine geistige Suche mehr, keine Entwicklung, kein Glauben an die Suche nach der Unendlichkeit, kein Aufstieg zu Gott.

Véra war versunken, wie ihr es nennt, in einem Sumpf der menschlichen Mühelosigkeit, in dem jedes Vergnügen eine zusätzliche Schlacke bedeutet, die sie noch ein wenig tiefer in die Erde sinken ließ und die »Geistlosigkeit« ihres Daseins im Materiellen verdeutlichte.

Wäre Franck nicht bereit gewesen, auf die Erde zu gehen, um seine Mutter von diesem Gewicht zu befreien, von dieser Starre, wäre diese Inkarnation für sie völlig sinnlos verlaufen.

Und diese Seele durfte einen solchen Abstieg nicht zulassen, diesen Rückschritt ihrer Zwillingsseele, auf die sie für die Fortsetzung ihrer Reise zu warten versprochen hatte.

Deshalb stieg Franck auf die Erde, nahm diese Inkarnation und seinen plötzlichen Abgang in Kauf, eine rasche Rückkehr zu unserer Ebene, zum Vater, damit seine irdische Mutter den Schock dieses Leids erfahren konnte.

Als Véras Seele auf diese Weise das materiell gesicherte Einerlei verließ, begann sie wieder zu denken, zu fühlen, in eine andere Richtung zu blicken: »Wo ist mein Kind? Ich fühle, dass es lebt, ganz in meiner Nähe. Gibt es vielleicht doch ein Leben nach dem Tod? Einen anderen Ort, der seine Seele aufnimmt?«

Damit hat Véra schließlich einen Schritt zum Licht gemacht, das sie gerade wahrzunehmen begann. Durch den Tod ihres Kindes konnte sie sich die wichtigen Fragen stellen, die sie vorher nie angesprochen hatte.

Also seid nicht beunruhigt. Wenn die reine Seele eures Kindes in Begleitung der Engel und Seraphine aufsteigt und das Glück erlebt, seine Seele zu erkennen, dann ist sie glücklich und leicht, denn sie weiß, dass sie ihre Aufgabe bei euch erfüllt hat.

Diese Kinderseele auf dem Rückweg zum Vater

weiß, dass sie die Zwillingsseele, die wie die eigene ist, vor dem Versinken in einer sinnlosen Inkarnation gerettet hat.

Schafft in einem solchen Augenblick Stille in euch, nehmt ihr Lachen und ihre Liebe wahr und weint nicht mehr, denn es tut ihr weh und ihr zwingt sie damit, in eurer Nähe zu bleiben, zu nahe am irdischen Leben und das wiederum hindert sie daran, sich zu befreien, ihre Freiheit im Licht wiederzufinden.

Sie ist ins Reich der Liebe zurückgekehrt, um ihrerseits einen Regen der Liebe über euch auszugießen.

Setzt eurem Kummer ein Ende und macht ihr Mut aufzusteigen, denn damit schickt ihr sie zur göttlichen Wärme, ins Glück, ins Licht der großen Freiheit.

Gebt euch gegenseitig Liebe, denn das Kind ist glücklich, euer reales Bewusstsein für die kurze Anwesenheit auf Erden wieder geöffnet zu haben.

Was sind selbst hundert Jahre im Angesicht eurer Ewigkeit, im Verhältnis zu jener Dynamik des Karma, der ihr folgt und der ihr auch weiterhin, Jahrhundert für Jahrhundert, folgen werdet.

Danke, Franck, dass du mir durch das Leid, das mir dein Fortgehen auferlegt hat, die Türen zu jener anderen Ebene geöffnet hast, dass du mich bei der Hand genommen und auf den Weg der wichtigsten Frage, auf den Weg der Öffnung des Bewusstseins geführt hast.

Einen geliebten Menschen zu verlieren, ist ein unermessliches Leid, das dazu dient, sich zu entwickeln, die Rückseite des Spiegels besser zu verstehen.

Wenn ihr sagt: »Er ist bei mir, ich fühle ihn ständig in meiner Nähe«, dann habt ihr Recht. Seine Liebe fühlt euer Weinen und eure Tränen.

Also sagt ihr ihm auch durch eure Liebe, dass er aufsteigen soll, aufsteigen zum göttlichen Licht, das ihn erwartet und in das er in unbeschreiblicher Glückseligkeit eintauchen darf.

Ist sie dadurch von eurem Kummer befreit, kann diese Seele wie ein glücklicher Pfeil zum Vater aufsteigen.

Nur in diesem Augenblick der Gnade und des Überflusses kann sie euch Liebe und Schutz gewähren und über eure geistige und karmische Entwicklung wachen.

Dies ist die wunderbare Übereinstimmung des gemeinsamen Werdens zweier Seelen auf beiden Seiten der Ebene, auf beiden Seiten des Spiegels, wie ihr es ausdrückt.

Weint also nicht, freut euch für euer Kind, denkt über den wahren Grund eures Lebens auf der Erde nach.

Denn es soll ja diese Mühe nicht auf sich genommen haben, ohne dass ihr den karmischen Plan dahinter überhaupt erkennt.

Franck und alle anderen Kinderseelen, danke für eure kurze Inkarnation im Dienste eurer Karma-Familie.

Versteht ihr Menschen eigentlich das große Geschenk, die reiche Liebe, die unaufhörlich zwischen euch fließt?

Öffnet die Augen!

Die Welt ist nicht nur, was ihr seht, sie ist auch der Plan Gottes, die Schwingung der Liebe zwischen den Lebewesen, ihre erlösende und großzügige Arbeit.

Danke für den Schutz, denn diese Seelen, die mit ihrem Fortgehen auch ihre irdischen Leiden vergessen haben, schenken euch Schutz und Liebe.

Maria

Mögen alle leidenden Mütter und vor Schmerz zerrissenen Väter diesen Gesang des Mitgefühls und der Liebe zu ihrem Kind hören, auch wenn für Menschen dieser Schmerz manchmal unerträglich erscheint. Diese Seele wäre ja gar nicht auf die Erde gekommen, hättet ihr sie nicht benötigt.[6]

Eine weitere Botschaft ergänzt diese Erklärung:

Wir wissen, dass du dir Fragen über die Kinder stellst, die als Kleinkind durch den so genannten plötzlichen Kindstod sterben.

Diese kleinen Seelen haben beschlossen, auf die Erde zu kommen, doch manchmal sehr schnell, viel zu schnell, ohne Vorbereitung auf den irdischen Stillstand, der zwar schwierig ist, aber bei guter Vorbereitung, richtiger Schulung, wenn du so willst, leichter zu ertragen gewesen wäre.

Bei der Geburt oder wenn das Kind noch ganz

[6] Isabelle, A.-M. Lionnet, Éditions du Rocher

klein ist, finden manche Seelen das Gefängnis der Inkarnation zu unerträglich und kehren lieber wieder zurück, um mehr Hilfe, mehr Rat, mehr »Ausbildung« zu erhalten und dann erneut abzusteigen.

Wenn also die Seele dieses Säuglings aufsteigt, trägt sie schwer an dem Kummer, den sie den Eltern bereitet hat. Doch kann sie die irdische Inkarnation nicht ertragen, diese erscheint ihr zu schwierig.

Wenn euch diese schwere irdische Prüfung auferlegt wird, dürft ihr den Mut nicht verlieren, sondern solltet dieser Seele mit Liebe sagen, dass ihr gerne bereit seid, ihr diesen falschen Auftritt auf eurer Erde zu verzeihen.

Schickt ihr Liebe und sagt ihr, dass sie zu euch zurückkommen möge, wenn sie dazu bereit ist. Dann kehrt die Seele später in einem anderen Kind zurück, das sich in eurer näheren oder weiteren Umgebung aufhalten wird und einen normalen Aufenthalt auf der Erde absolviert, gefestigt in der Ausbildung durch die Führer und Engel auf dem Weg, den sie dann gewählt hat.

Frieden und Liebe mit euch.

11

Anouk, das Zeichen der Vergangenheit

An jenem Morgen drängte sich die Menge, dicht und blicklos, in den langen Korridoren der Metro, kämpfte gegen die faden Gerüche des Vortags.

Es war Sonntag, die Menschen feierten, lachten, tranken. Anouk hatte keinen Spaß. Ihre hellen Augen unter der runden Stirn wirkten grau, grau wie die Menge in ihrer Umgebung, laut und formlos.

Die Locken ihrer blonden, seidigen Haare tanzten über ihre Wangen. Kinderlocken, die noch den feinen, viel versprechenden Duft der Jugend verbreiten. Zwanzig Jahre, Anouk wurde gerade erst zwanzig Jahre alt.

Wie war das damals, die Jugend?

Schwierig, unruhig, Traurigkeit, Fragen, ein Labyrinth ohne Ausgang. Wo? Warum? Woher kommt man? Wohin soll man gehen? Warum und wie?

Unaufhörlich drehte sich dieses verrückte Karussell, dieser Schwindel erregende Gedanke.

Die Metro trug ihr einen faden, süß-salzigen Geruch entgegen, Gerüche von Menschen. Traurige Gerüche am Tag nach dem Fest, typisch für die Genüsse des Vortags. Die Gesichter, die Anouk entgegenkamen, waren wie leere Spiegel. Sie hatte Angst.

An wen sollte sie sich wenden?

Wem konnte sie sich anvertrauen?

Wer könnte die Worte finden, die Antworten gaben und sie beruhigten? Wo fände sie die ruhige, sichere Hand, um ihr den Weg zu weisen?

Niemand hatte ihr je einen Rat gegeben. Wer hatte sie in dieses Leben gelockt, das ihr nun so leer und sinnlos erschien?

In ihrem Herzen und in ihrem Körper empfand sie immer ein Gefühl der Absurdität. Immer wieder hatte sie die Erwachsenen befragt, zumindest diejenigen, die ihr etwas bedeuteten und ihrem Leben Halt gaben, so gut sie es vermochten. Doch auch sie schienen nicht viel mehr zu wissen.

»Ach, das weiß man nicht so genau. Man lebt eben, einfach so!«

Ihre Fragen fanden keine befriedigende Antwort. Anouk war zu ihren kindlichen Spielen zurückgekehrt in der Meinung, die Erklärungen und Antworten würde sie zu einem späteren Zeitpunkt finden.

Die Zeit verging im Sturm der Ereignisse, die sie nie selbst bestimmen konnte, in deren Strudel sie immer mitgerissen wurde.

Ihre Mutter war mit einem anderen Mann fortgegangen. Der Vater weinte und wischte sich wie ein Kind die Tränen mit dem Handrücken aus dem Gesicht.

»Und ich, Papa?«

»Du, meine Kleine, du bleibst bei mir. Sie will nichts mehr von uns wissen, wir stören nur. Sie will alle Zeichen ihrer Vergangenheit fortwischen, das ist ihr Wunsch.«

Nächtelang konnte Anouk nicht schlafen. War sie also nur ein Zeichen der Vergangenheit ihrer Mutter? Dieser Frau mit den weichen Haaren, die sie so zärtlich in den Armen gehalten hatte?

Vergangenheit bezieht sich auf etwas, das vergangen ist. Existierte sie also nicht mehr, da sie doch nun vergangen war, zur Vergangenheit gehörte?

Gestern hatte ihre Lehrerin in der Schule noch einmal erklärt, die Vergangenheit sei das, was vergangen ist. Für ihre Mutter gab es sie also nicht mehr.

Dieser Schmerz löste ein pochendes Stechen in ihren Schläfen aus, ihr Kopf drehte sich. Am Abend drückte sie sich die Fäuste gegen den Mund, nachdem Vater ihr den Gutenachtkuss, seinen rauen und etwas groben Kuss, gegeben hatte. Er küsste wie ein großer tollpatschiger Labrador.

Das Kind fragte sich jedoch, was es angestellt hatte, dass es zur Vergangenheit seiner Mutter geworden war.

Vielleicht hatte sie sie nicht fest genug umarmt und geküsst?

Was hatte sie nur getan, dass ihre Mutter sie nur als ein Zeichen betrachtete?

Diese Worte, die sie nicht verstand, quälten sie. Wieder einmal war sie zu ihrer Lehrerin gegangen, die alles wusste und sicher auch eine Erklärung für ihre Sorgen hatte. Doch sie fürchtete sich vor dieser Antwort. Und der Schock war brutal.

»Ein Zeichen ist das, was zurückbleibt, wenn alles vorbei ist«, hatte die Lehrerin erklärt.

Nur der letzte Teil des Satzes war ihr in Erinnerung geblieben. Sie war also für ihre Mutter vorbei. Aus! Ein schreckliches Wort.

Sie schrieb es ungeschickt auf, überall und immer wieder und erkannte langsam, dass der Horizont, hinter dem ihre Mutter verschwunden war, für sie selbst keine Öffnung hatte.

Ihre Mutter hatte sie als kleines Kind immer »mein Liebes« genannt, doch für Anouk gab es jetzt bei der Mutter keinen Platz mehr.

Die Zeit verging, heilte die Wunden jedoch nicht. Anouk wurde größer, doch sobald sich eine Freundschaft oder eine Liebesbeziehung anbahnte, beendete sie diese rasch, auch wenn sie selbst daran zerbrach. Sie wollte auf jeden Fall vermeiden, noch einmal ein Zeichen für einen Menschen zu werden, dem sie sich verbunden fühlte.

Sie schickte jeden Menschen, den sie liebte, in die Vergangenheit, damit er sie nicht, wie es ihre Mutter getan hatte, in die Vergangenheit verbannen konnte.

Und sie war sicher, dass sie das Richtige tat. Außerdem hatte ihre Mutter zwei neue »Gegenwarten« zur Welt gebracht, die ihr ganzes Leben beherrschten. Zerstreut hatte sie Anouk erklärt, dass sie durch ihr neues Leben sehr in Anspruch genommen würde, dass sie sich aber bemühen wollte, sie, Anouk, trotzdem wieder einmal zu besuchen.

Für ihren Vater zählte nur eines: ihre Schule.

»Mit einem guten Abschluss steht dir die ganze Welt offen. Buchhalterin wäre doch was! Die werden immer gebraucht!«

Wenn sie sich ihre Lehrer anschaute, fragte sie sich wirklich, ob ihr Beruf sie tatsächlich so sehr erfüllte.

Die meisten Erwachsenen in ihrer Umgebung stöhnten und klagten immer nur: über ihre Gesundheit, ihre Affären, ihre Arbeit, die schrecklichen Krankheiten, die einen blitzschnell umbringen konnten.

Zusammengekauert saß sie oft in der Ecke der in sechsunddreißig Raten abgezahlten Couch und hörte den Erwachsenen zu, völlig entmutigt und niedergeschlagen.

Wie konnten sie nach allem, was sie beschrieben, noch lachen?

Wieso hätte sie sich freuen sollen, ebenfalls erwachsen zu werden, wenn sie ständig all diese Scheußlichkeiten zu hören bekam: Aids, Arbeitslosigkeit, Katastrophen, Mord und Totschlag, Kriege …

Die Sendungen im Fernsehen schienen ihre Eindrücke zu bestätigen. Nach einem kurzen Blick auf die Uhr beeilten sich die Erwachsenen, damit sie in der Tagesschau noch einmal die gleichen Schreckensmeldungen hören konnten.

Eine halbe Stunde Entsetzen, immer wieder unterbrochen durch das formlose Lächeln des Sprechers, der mit immer gleicher Stimme den Tod von 325 Menschen bei einem Flugzeugabsturz und das Wetter, das »nicht ganz so schön wird« verlas …

Doch ihr Vater liebte sie. Hatte er überhaupt die

Sinnlosigkeit seines mechanischen Lebens erkannt, in dem nur das Materielle zählte? Hatte er auch nur einmal die Neugier aufgebracht, sich Fragen zu stellen?

Mit allen Fasern, die in ihrem Körper vibrierten, wusste Anouk, dass es noch etwas anderes gab, dass es noch ein anderes Leben geben musste. Ziellos herumgewirbelt zu werden konnte nicht das richtige Leben sein.

Wer wusste über andere Dinge Bescheid?

Wer könnte Licht auf diesen Weg bringen, auf dem sie nicht weiter gehen wollte?

Ein entsetzter Aufschrei ließ die Menge in ihrem hektischen Treiben am Rande des Bahnsteigs innehalten. Die Bremsen der U-Bahn schrillten ohrenbetäubend. Schreie ertönten.

»Sie hat sich vor den Zug geworfen …«

»Schauen Sie, wie jung sie ist, wie blond …«

Erschüttert drängeln sich die Menschen vor, um besser sehen zu können, um besser zu verstehen. Selbstmord.

»Sie hat sich umgebracht«, sagte der Zugführer leise mit zusammengebissenen Zähnen. Er zitterte krampfartig.

»Ich … ich konnte es nicht verhindern.«

Sie war so alt wie seine eigene Tochter und Anouks blonde Locken tauchten sein Leben lang immer wieder in seinen schlaflosen Nächten auf …

Jemand hob die Handtasche auf, die sie fallen gelassen hatte. Auf einem zusammengefalteten Stück

Papier hatte Anouk ein paar Worte vermerkt: »Ich bin das Zeichen der Vergangenheit. Ich habe keine Zukunft.«

Niemand verstand, warum sich Anouk, hübsch, blond, gerade erst zwanzig, selbst getötet hatte.

12

Der zerschnittene Faden

Wer versteht schon einen Selbstmord aus Hoffnungslosigkeit? Die Gründe sind sehr unterschiedlich.

Wer kann schon die Angst eines Menschen in dem Augenblick ermessen, in dem er diesen unwiderruflichen und Folgen schweren Schritt in der Dynamik seines Karma beschließt?

Was wird aus dieser Seele, die aus eigenem Antrieb den Fortgang der Inkarnation, die sie selbst gewählt hat, abbricht?

Wenn sich das für diese irdische Reise »ausgeliehene« Vehikel durch einen willentlichen Akt von der Seele trennt, wohin geht dann diese Seele? Wie erlebt sie ihre plötzliche Rückkehr in die andere Ebene?

Findet sie Frieden?

Die Führer und himmlischen Wesen, die uns bei unserem Bericht in diesem Buch unterstützen, haben uns die Augen über den erschütternden Weg geöffnet, den die Seele des Selbstmörders zu absolvieren hat.

Guten Tag, mein Kind,

Augenblicke des Schmerzes und der Schwärze gehen dem bewussten Abbruch des Lebensverlaufs voran.

Erkennt diese dramatische Reise.

Diese Seele hatte beschlossen, für eine ganz bestimmte Aufgabe zur Erde hinabzusteigen. Sie hatte diesen neuen Weg mit den Wesen der Liebe, die Gott ihr zugewiesen hat, vorbereitet, um ihren Schwingungsaufstieg zu Ihm, mit Ihm besser fortsetzen zu können.

Die Seele steigt also hinab in Begleitung all dieser Lichter, »in den Händen« hält sie ihr Leben, das Geschenk Gottes, und aus unterschiedlichen Gründen beschließt sie eines Tages, dieses Geschenk, dieses Leben zurückzugeben und sich völlig von den göttlichen Schwingungen zu entfernen, die Liebe und Hilfe abzulehnen und absichtlich den Lauf ihrer Reise durch das Karma zu unterbrechen.

Es wird keine Liebe mehr gegeben und keine Liebe mehr angenommen.

Auch das Licht wird zurückgewiesen, die Seele kehrt in die Dunkelheit ein, in der die Kräfte des Bösen sie empfangen, um sie zu einer der ihren zu machen.

Gott möchte das nicht, doch erinnert euch immer an das Wichtigste in euren Beziehungen zur unendlichen Größe der göttlichen Liebe.

Es geht um die Freiheit des Menschen, er ist absolut frei.

Jede Behinderung dieser Freiheit bedeutet eine Negierung der Bande der wahren Liebe zwischen Mensch und Gott.

Keine Freiheit bedeutet keine wahre Liebe. Jeder erfährt diese Wahrheit, vor allem Ehepaare.

Hier beschließt die Seele dieses Kindes oder jedes

anderen Selbstmörders, das Geschenk des Lebens abzulehnen, die Inkarnation zu verweigern. Das bedeutet eine Abkehr von der Liebe, ein Zurückweisen des Lichts.

Der Selbstmörder durchtrennt diese Fäden selbst und verfällt in Dunkelheit, in Egoismus, in das Böse. Er findet Aufnahme bei den Kräften, die über die Dunkelheit herrschen.

Wenn die Seelen oder die menschlichen Wesen, die sie noch lieben, für seine Rettung beten, kann der Selbstmörder durch ein Übermaß an Liebe den Weg ins Licht wiederfinden, in die Arme Gottes, der ihm verzeiht und ihn in einer großen Feier wie der Vater, der den verlorenen Sohn des Evangeliums in die Arme schließt, empfängt.

Gott hat Zugang zur Seele, denn in ihrer Freiheit hat sie das Licht verlangt oder die irdischen Schwesterseelen haben es für sie gefordert.

Wenn also niemand für diese Seele betet und sie selbst den Weg zum Licht nicht kennt, wird sie in der Dunkelheit umherirren und sich verlieren.

Ein einziger, liebevoller Gedanke, eine liebevolle Unterstützung von einem noch menschlichen Wesen kann die Seele jedoch umlenken, sie wieder auf den Weg zum Licht und zur Liebe zurückbringen.

Wenn ihr also wisst, dass ein Mensch sich absichtlich zerstört hat, dann betet, betet und schickt ihm Liebe.

Bittet ihn, sich in Freiheit für den Weg zum Licht zu entscheiden.

Lasst keine Schuldgefühle aufkommen, das nützt nichts, ganz im Gegenteil, es sind nur sterile Worte und Wehklagen.

Bedauert auch nicht, ihn nicht daran gehindert zu haben. Richtet eure ganze Aufmerksamkeit genau in diesem Augenblick auf eure Liebe. Eure ganze Freundschaft für diese Seele muss sich auf sie konzentrieren und ihr sagen: »Lass dich nicht in diese Dunkelheit ziehen, steige auf, erhebe dich, schäme dich nicht, steige auf zum Licht, rufe Gott. Ein einziger Schrei genügt, wenn er aus deiner Freiheit kommt, und eine ganze Armada von Lichtwesen entreißen dich den negativen Kräften.

Was du verleugnet hast, existiert. Die Kräfte der Liebe werden überall tätig. Vergiss deinen Stolz, deine negative Einstellung, dein Schuldgefühl und schreie deine Bitte um Liebe und um Hilfe zu Gott hinaus.

Merke dir, dass ein einziger Anstoß freier Liebe genügt, um dich den Krallen der astralen Niederungen zu entreißen. Vergiss nicht, dass Gott keinen Zugang zu dir findet, wenn du es nicht wünschst. Lass dich nicht von ihm fort in die endgültige Dunkelheit reißen.«

Denn du weißt, dass die Engel des schwarzen Lichts existieren und von der Nichtliebe leben.

Ihr, die Freunde auf der Erde, ihr könnt dieser Seele helfen, indem ihr ihr einen Regen der Liebe, der Erleuchtung, der Ermutigung schickt.

Lasst sie nicht fallen.

Lasst sie nicht für immer in der Dunkelheit verharren.

Betet.

Sagt ihr, dass die Liebe sie erwartet, dass sie nicht vor dem Licht fliehen darf.

Sagt es ihr.

Diese kurzen Erklärungen der Liebe werden zu ihr aufsteigen und sie wie ein Heißluftballon zum göttlichen Empfang hinauftragen.

Sie wird verstehen und durch die Schleuse zu den Schwingungen des Lichts gehen.

Ihr, die Menschen, die inkarnierten Seelen, könnt alles für sie tun.

Wenn ihr jedoch Schuldgefühle habt, werdet ihr nur negative Gedanken übermitteln, die sie noch mehr einschließen.

Sagt ihr stattdessen: »Ich weiß nicht, warum du das gemacht hast, doch ich verurteile dich nicht. Verschließe dich jetzt nicht, lass dich durch die schwarzen Lichter nicht täuschen. Fordere das strahlende Licht, verlange, nach Hause zurückzukehren, in das Haus des Vaters, in dem ein großes Fest des Wiedersehens dich erwartet. Welche Freude, das verloren geglaubte Schaf wiederzufinden. Steige auf, erhebe dich. Er erwartet dich. Sie erwarten dich. Geh einfach los.

Ich liebe dich.«

Diese Macht liegt in euren Händen. Es ist die große Macht der Liebe über den Hass, des Lichts über den Schatten. Betet. Wer den Faden seiner Reise durch das Karma selbst durchtrennt hat, kann auf diese Weise den Weg der Liebe wiederfinden.

Und er wird sich auf andere Leben, auf andere Ab-

stiege zur Erde besser vorbereiten und eine Herausforderung, der er nicht gerecht werden kann, nicht mehr annehmen, seine nächste Inkarnation wird friedvoll und fruchtbar sein.

Denkt an den Einfluss, den ihr gegenseitig aufeinander ausübt.

Selbstmord ist ein Akt der Abkehr von der Liebe. Natürlich sind menschliche Wesen, die große Mengen Medikamente einnehmen, nicht mehr ganz verantwortlich für ihre Handlungen.

Wenn dann der Lebensfaden zerreißt, ist ihnen nicht mehr bewusst, was sie getan haben.

In diesem Fall verbringen sie dann eine lange Zeit in der Einsamkeit, denn ihre Schwingungen müssen erst wieder ihren Auftrieb finden. Ihre Seele muss sich aus dem Sumpf lösen, um den Einfluss des Ortes, an dem sie sich befindet, zu erkennen.

Diese Seelen, die von der Verwirrung ihrer irdischen Depression befreit sind, bitten sehr bald um Zugang zur göttlichen Aufnahme. Engel werden sie abholen, ihnen beim Aufstieg helfen, um sie wieder mit den göttlichen Sphären vertraut zu machen.

Es ist ein mühseliger Weg, der jedoch zur Befreiung führt.

Betet, betet für sie, denn die Liebe von den Sphären der Höhe und des Königreichs der Tiefe, eurem Reich, nimmt sie in einem Wirbel der Wiedergeburt auf.

Friede über diesen Akt der Liebe, die sie empfangen wird.

Nathanaël und Ankalaya

13

Flug 2947

Zehn Mal dachte Luc daran, diese Reise zu verschieben. Eigentlich interessierte ihn Los Angeles überhaupt nicht. Doch die Geschäftsleitung hatte darauf bestanden, obwohl er selbst überzeugt war, dass diese Reise völlig unnötig war.

Er hatte es auch Midge von der Internationalen Abteilung gesagt. Midge hatte ihm dann zu verstehen gegeben, dass die Reise auf jeden Fall unnötig wäre, wenn Luc schon mit solch einer negativen Einstellung reiste. Midge hatte es als nüchterne Bemerkung ins Gespräch einfließen lassen und Luc hatte den Köder geschluckt.

Er packte gerade seinen Koffer, etwas Kleidung und ein paar persönliche Dinge, die er für den kurzen Aufenthalt brauchte. Er war nervös und wütend.

In seinem Büro in London stapelte sich die Arbeit, die ihn bisher davon abgehalten hatte, sich mit den Partnern in Los Angeles zu treffen.

Dieses Mal musste er fahren, alle Umstände zwangen ihn dazu, obwohl es viele Gründe gab, in London zu bleiben.

Voller Zorn knallte er den Kofferdeckel zu. Das Ticket lag auf dem Bett, eilig überprüfte er es.

Flug 2947 – Heathrow – 18.00 Uhr.

Es war Zeit. Er bedauerte sehr, dass er Lucy übers Wochenende allein zurück lassen musste, gerade jetzt kamen sie etwas besser miteinander zurecht.

Luc zog die Tür seiner Wohnung zu – ohne zu ahnen, dass er sie nie wieder betreten würde.

In einem anderen Londoner Viertel tat Françoise zur selben Zeit praktisch das Gleiche. Als sie ging, hinterlegte sie ihre Schlüssel bei der Hausmeisterin.

»Für meine Tochter«, erklärte sie Mrs. Pabrok. »Sie kommt nächste Woche mit den Kindern und ich überlasse ihr meine Wohnung für ein paar Tage. Ich habe eine kurze Notiz für sie auf dem Tisch hinterlassen.«

»Gute Reise. Fahren Sie weit weg?«

»Ich besuche meine Schwägerin. Das verspreche ich ihr schon seit zehn Jahren.«

»Gute Reise! Gute Reise!«

Françoise war sicher, dass es eine gute Reise werden würde und sie freute sich, Célia wiederzusehen. Seit zehn Jahren versprachen sich die beiden Frauen, das nötige Geld für ein Wiedersehen zusammenzukratzen.

Unbeschwert seufzte Françoise. Sie wirkte wie eine ältliche Studentin, die ihr wohl geordnetes, einfallsloses Leben endlich hinter sich lassen konnte.

Zum x-ten Mal prüfte sie ihr Flugticket, das ihre Schwägerin und sie von ihren gemeinsam Ersparnissen bezahlt hatten.

Es war an seinem Platz, dieses tolle Ticket, das ihr

ein Wiedersehen, gemeinsames Lachen und Erinnerungen aus der Jugend, über die sie stundenlang reden würden, versprach.

Flug 2947 – Heathrow – 18.00 Uhr.

Hochzeitsreise. Ein Zauberwort!

Mit Wind zerzausten Haaren haben Peter und Clara gerade Arm in Arm den Flughafen betreten. Sie sind sehr aufgeregt: Los Angeles, die Hauptstadt des Films, der amerikanische Traum. Wo sonst hätten sich ihre beiden Schicksale besser miteinander verknüpfen lassen?

»Just married.«

Das Schild flatterte noch immer an ihrem Auto. Paul, Claras Bruder, hatte sie gerade am Flughafen abgesetzt und ihnen einen guten Flug gewünscht.

Sie legten ihre Tickets am Schalter vor und gaben ihr Gepäck ab, dabei beobachteten sie unauffällig die Menschen, die viele Stunden mit ihnen im selben Flugzeug verbringen würden.

Sie umarmten sich und lachten wegen jeder Kleinigkeit, waren überrascht, dass sie zum ersten Mal unter demselben Namen flogen: Herr und Frau Clark. Ein ungewohntes Gefühl.

Nach vier Jahren gemeinsamen Lebens hatten sie sich zu diesem Schritt entschieden, weil es für sie beide plötzlich wichtig geworden war, ihre Beziehung auch gesellschaftlich anerkannt zu wissen.

Für Clara war dieser Schritt nicht einfach gewesen, denn die Bilder der schwierigen Ehe ihrer Eltern waren in ihr noch sehr lebendig. Doch ihre Entscheidung hatte ein Gefühl der Fülle und der unerwarteten Freuden hervorgerufen.

Heute Nachmittag waren sie glücklich, gingen mit ihrer Boarding Card in der Hand zum Gate F 16: Flug 2947 nach Los Angeles.

Dorothy Pickam war äußerst schlecht gelaunt, doch eigentlich war sie immer schlechter Laune, nichts Neues für Margarita, ihre Gesellschaftsdame, die sich seit Jahren damit abgefunden hatte.

Natürlich war Dorothy mit dem Platz, der ihr zugewiesen wurde, nicht zufrieden. Sie ärgerte sich, dass sie trotz ihrer »Gold-Plus«-Karte nicht erste Klasse fliegen durfte.

Margarita hörte ihren Vorwürfen und Klagen überhaupt nicht zu. Sie wusste, dass der Champagner im Flugzeug zu warm sein würde, das Fleisch zu lange gebraten, der Film zu langweilig...

Und so würde es bis Los Angeles gehen. Im Hotel würde Dorothy tausend andere Gründe finden, um sich aufzuregen und in ihrem Glauben bestätigt zu sehen, dass sich die ganze Welt gegen sie verschworen hatte.

Dorothy Pickam, reich und unzufrieden, dachte wirklich, dass die Welt nichts anderes zu tun haben dürfte, als sich nur um sie zu kümmern.

Der achtjährige Stephen schaute sie wie eine Außerirdische an. Am liebsten hätte er ihr den Stock weggenommen, als er neben ihr ins Flugzeug stieg.

Er hatte sich schon eine ganze Weile über sie geärgert und keine Lust, die ganze Zeit in der Nähe dieser alten Meckerziege zu sitzen. Er drückte die Hand seines Vaters etwas stärker und deutete mit einer wütenden Kopfbewegung auf Dorothy.

Zum Glück setzte eine Stewardess Stephen und seine Eltern ganz nach vorn; Stephen vergaß Dorothy schnell und beschäftigte sich fasziniert mit den diversen Knöpfen an seinem Sitz.

Er freute sich schon, Großmutter Jane, die seit zwei Jahren in Los Angeles arbeitete, wiederzusehen, denn er mochte sie sehr, er musste immer über ihre ungewöhnlichen Kleider und ihre langen Zigaretten lachen.

Michael tobte im Taxi, das ihn nach Heathrow bringen sollte. Er würde seinen Flug verpassen! Das stand fest. Ingrid hatte ihn viel zu lange festgehalten mit der Holmes-Akte, die immer komplizierter wurde.

Das hatte er dem Anwalt der Holmes am Telefon lang und breit erklärt und diese Zeit konnte er nun nicht mehr wettmachen. Er würde diesen Flieger verpassen.

Nervös schaute er auf die Uhr. Es wäre ein Wunder, wenn er noch rechtzeitig zum Flughafen käme. Er bat den Taxifahrer: »Könnten Sie ein bisschen schneller fahren?«

»Haben Sie den Stau nicht gesehen?«

Als sie den Flughafen erreichten, hob Flug 2947 gerade ab. Für einen Augenblick war Michael auf

Ingrid wütend – und doch hatte sie ihm, wie ein Werkzeug des Schicksals, damit das Leben gerettet.

Im Flugzeug servierten die Stewardessen gerade die ersten Drinks. Aus den Kerosintanks trat durch einen winzigen Riss wie aus einer fast unsichtbaren Wunde Flüssigkeit aus. Das Kerosin breitete sich langsam über die heiße Außenwand aus …

Die Stewardess brachte Getränke ins Cockpit. An Bord schien alles normal.

Plötzlich machte sich Besorgnis auf dem Gesicht des Kopiloten breit.

»Kommandant, Störung an Tank B.«

Auf dem Heimweg nach London erfuhr Michael aus den Abendnachrichten, dass Flug 2947 eine Stunde nach dem Start über dem Atlantik explodiert war.

Es wurde kein SOS mehr gesendet, es geschah innerhalb weniger Sekunden. Man sprach von einem Attentat.

Bleich wie ein Leintuch stürzte Michael ans Telefon, um Ingrid anzurufen.

*

Oft sterben in großen geophysikalischen oder technischen Katastrophen zahlreiche Menschen.

Geschehen diese Tode zufällig? War für jede dieser Seelen der Augenblick des Abschieds gekommen oder hat das »Schicksal« ohne Grund zugeschlagen und die Opfer beliebig ausgewählt?

Sind diese Tode geplant? Mit welchem Ziel? Oder schlägt das Schicksal blind zu?

Gibt es einen tieferen Grund für die gemeinsame Rückkehr zur anderen Ebene. Wenn ja, welchen?

Durch automatisches Schreiben haben die himmlischen Lehrer auf diese Fragen geantwortet, die wir uns alle mit Schrecken stellen, wenn wir von einem Flugzeugabsturz, einem Eisenbahnunglück oder Naturkatastrophen wie Erdbeben oder Überschwemmungen erfahren.

Es gibt viele solche Fälle, doch die Grundregel lautet, dass der Rückruf in unsere Welt, die gleichzeitige Rückkehr mehrerer Seelen, deren Übergang sehr erleichtert.

Wenn ihr von einer großen Katastrophe oder einem Unglück hört, bei dem viele Menschen umgekommen sind, glaubt ihr oft, dass das Schicksal blind zugeschlagen hat.

Das ist ein großer Irrtum.

Diese Seelen wurden alle sorgfältig ausgewählt, sie wurden veranlasst, sich genau in diesem Augenblick dort aufzuhalten, um gemeinsam mit den anderen Seelen zu uns zurückzukehren.

Denkt nur an diese außerordentlichen »Zufälle«, wie ihr es betrachtet, wenn ein Mensch das Transportmittel verpasst, das später verunglückt, oder ein anderer Mensch zu seiner Familie zurückkehrt, sie jedoch nicht mehr vorfindet, weil sie gerade vom Hochwasser fortgerissen wurde.

Der gemeinsame Aufstieg bestimmter Gruppen von Seelen geschieht, um ihnen den Übergang zu erleichtern. Diese zu schwachen oder wenig lichtvollen Seelen hatten Angst, zum vorgesehenen Zeitpunkt der Trennung von Seele und Körper allein aufzusteigen.

Sie hatten davor Angst und manche hatten um eine Rückkehr in der Gruppe gebeten. Sie kannten die Schwierigkeiten beim Durchqueren der astralen Niederungen und wollten lieber in Begleitung aufsteigen. Ihr Führer hatte ihnen die göttliche Zustimmung übermittelt.

Manche Seelen, die in eurer Welt verloren waren und Gebete benötigten, um aufsteigen zu können, schließen sich instinktiv anderen an, um den großen »Aufzug« zu nutzen, der durch liebevolle Gedanken aus der ganzen Welt entsteht, wenn die Menschen von einer solchen Katastrophe erfahren.

Millionen Menschen sind berührt, denken voller Mitgefühl an diese Seelen, Millionen Menschen beten für sie.

Dann steigen diese Seelen, getragen durch das universelle Mitgefühl und die Liebe der Welt, leicht, freudig und in Begleitung auf.

Der Übergang ist für sie viel leichter. Außerdem bereiten sich vor diesen großen Katastrophen zahlreiche aktive Engel auf ihren Empfang und ihre Begrüßung vor.

Einige Seelen verlassen die Erde lieber in einer Gruppe und erleben diesen Abschied mit Freude, Glück und Erleichterung.

Und schließlich bietet ihnen dieser gemeinsame Aufstieg, der die guten Gedanken und das Mitgefühl derer, die zurückbleiben, sehr beanspruchen, auch die Möglichkeit, ihre auf eurer Erde zurückgebliebenen Lieben versammelt zu sehen und zu beobachten, wie sie voller »Mitleid« (wir mögen dieses Wort nicht, es klingt zu abgedroschen), sagen wir lieber mit Liebe handeln, um denen zu helfen, die ebenfalls den Verlust eines geliebten Menschen erlitten haben.

Denkt also an die große Schwingungsbewegung der Liebe, die durch diesen gemeinsamen Aufstieg entsteht.

Ihr dürft nicht glauben, dass auch nur eine dieser Seelen zufällig zu den Opfern gehört.

Keine befand sich ungewollt dort. Die Anwesenheit jeder Seele an genau diesem Ort zu genau diesem Zeitpunkt des gemeinsamen Abschieds wurde durch jede Seele genau geplant, sie hat schon vor ihrem Abstieg zu ihrer neuen irdischen Inkarnation darum gebeten.

Übrigens: Wenn Menschen »wie durch ein Wunder«, wie ihr sagt, gerettet werden, durften sie nicht an der Stelle des Unglücks sein. Es bedeutet, dass sie nicht zu der geplanten Gruppe gehörten.

Klagt also nicht, sondern begleitet die Seelen, begleitet ihre Rückkehr mit euren Gebeten, euren Ermutigungen. Ihr könnt euch gar nicht vorstellen, welche Kraft eure gemeinsamen positiven Gedanken entwickeln.

Wenn diese Seelen, begleitet von einer ganzen

Armee Engel eng aneinander gepresst aufsteigen, durchqueren sie auch die schwierigeren Zonen in einem warmen und sanften Strom, der sie zu ihrem »Empfang« trägt.

Dort angekommen, haben sie wie die anderen Seelen in den »Korb« zu schauen, der sie begleitet, und dann dem für ihre Ausbildung vorgezeichneten Weg zu folgen.

Das ist das große Geheimnis der menschlichen Katastrophen, die eigentlich nur Gesten der Liebe aus dem Jenseits, von Gott und den Führern für alle Seelen sind, die darum gebeten haben, nicht allein zurückkehren zu müssen.

Auch das Kind, das bei einer großen Rückkehr Abschied nimmt, ist ein Wesen, das am Ende seiner Inkarnation angekommen ist, aus Gründen, die mit seinem Karma zu tun haben.

Denkt mit Liebe und Licht an sie, wenn ein solches Unglück geschehen ist.

Sie haben sich alle zu dieser Rückkehr entschlossen, um die Kraft eurer gemeinsamen Gedanken zu nutzen.

Nichts, was dem Menschen geschieht, ist Gott unbekannt.

Doch die Kräfte des Bösen sind da, denn der Mensch hat sie befreit, als er die göttliche Einheit verließ.

Es ist dieser Kampf des Schattens und des Lichts, der euer Leben regiert.

Doch das Vertrauen in die Liebe lässt das Böse

immer zurückweichen, auch wenn dieses Vertrauen von anderen Wesen ausgeht.

Die Seelen, die gemeinsam wie in einer Traube aufsteigen, profitieren von dem Schutz, den ihr ihnen, bewusst oder unbewusst, bietet.

Die Wahrheit ist so einfach, doch man muss die Ereignisse aus einer göttlichen Perspektive betrachten.

Marc

14

Lebensentscheidung – die Sphären

Und diejenigen, die mit einer Seele ein beschauliches, ruhiges Leben führen wollten?

Ich kenne solche Leben, wir alle kennen sie. Manchmal denke ich erstaunt an Freundinnen, die, verglichen mit meinem sehr schwierigen Eheleben, ein sehr ruhiges Dasein haben, in dem bereits kleine Unannehmlichkeiten problematisch erscheinen.

Diese Seelen haben ihren Lebensweg selbst gewählt. Was können sie lernen?

Glückliche Menschen haben keine Geschichten und die Schilderung ihres Lebens in diesem Buch würde die Leser nur langweilen.

Und doch drängt sich diese Frage förmlich auf, wenn man einmal verstanden hat, dass jede Seele auf der Erde eine Aufgabe zu erfüllen hat. Warum beschließt eine Seele, die zufrieden und glücklich in ihrem wahren Haus wohnt, für einen Lebensverlauf auf die Erde zu gehen, der uns als Außenstehenden ziemlich nichts sagend erscheint?

Warum alle Kräfte, allen Mut zusammenraffen und die Hilfe der Lehrer und Führer in Anspruch nehmen, um eine offenbar »unnötige« und unscheinbare Inkarnation fortzusetzen?

Es ist Michael, der uns die Entscheidung dieser Seelen erläutert und vor allem die schwierige Reise, die wir unsererseits in völlig unterschiedlichen Schwingungssphären erleben können.

Du staunst sicher, schließlich hast du doch beschlossen, wie ein Packesel beladen auf diese Erde zurückzukehren. Du hast es so gewollt. Du hast dir eine sehr schwierige Inkarnation gewünscht, um schneller voranzukommen, oder, wie du sagtest, um die Gewinne deiner Erkenntnisse anzuhäufen und weniger Inkarnationen durchleben zu müssen.

Sieh selbst das Gewicht einer solchen Verpflichtung. Du hattest oft sehr schwere Inkarnationen und halb aus Stolz, halb als Herausforderung, was im Grunde dasselbe ist, wolltest du eine besonders schwierige Inkarnation durchleben: emotionale Härte und Leid, Probleme jeder Art, Unverständnis der Umgebung, Krankheiten deiner Lieben.

Du wolltest alles und noch mehr.

Gut, es war deine Entscheidung.

Viele andere Seelen tun dies auch, wenn sie zur Erde hinabsteigen, und hoffen dabei, die Gesamtzahl ihrer Inkarnationen reduzieren und rascher zum Herzen Gottes aufsteigen zu können, wo ihrer Schwingungen der Liebe den göttlichen Einklang finden. Dann könnten sie das Rad der Reinkarnationen verlassen.

Andere, durch langes Leiden gebrannte Seelen, wollen lediglich einen Augenblick lang irdisches Wohlbefinden und Frieden erleben.

Es ist nicht so einfach für euren Geist, nur das zu akzeptieren, was er besitzt.

Auch das ist eine notwendige Erfahrung, um den großen, inneren Frieden zu finden, den ihr alle eines Tages erkennen müsst.

Beobachtet euch.

Ihr seid so selten zufrieden mit dem, was ihr habt. Sobald ihr bekommt, was ihr wünscht, zählt es nicht mehr. Wie Kinder lasst ihr euer Spielzeug, das euch eine gewisse Zeit »amüsiert« hat, dann einfach liegen.

Diese Seelen lernen also Enthaltsamkeit, sie erfahren Zufriedenheit mit dem, was sie besitzen, selbst wenn es nur ein winziges Stück Land mit zwei Kaninchen ist.

Erkennt den Sinn: Sie sind gekommen, um sich mit dem zufrieden zu geben, was sie haben. Sie sind gekommen, um inneren Frieden zu erfahren, damit sie nicht mehr nach dem Nutzlosen, dem Unnötigen streben.

Manchmal haben sie darum gebeten, mit einem Mangel auf die Erde zu kommen, der ihnen helfen soll, akzeptieren zu lernen: eine körperliche Behinderung, Faulheit, Angst vor dem Unbekannten. Dadurch lernen sie, das Bedürfnis nach Veränderung oder Erfolg zu überwinden.

Manche sind nur gekommen, um das irdische Vergnügen kennen zu lernen, nicht im Sinne des Materiellen, sondern im Sinne der Fröhlichkeit und des göttlichen Glücks, einfache Freuden zu genießen: die

Natur, die Kinder, die Ruhe, die ein harmonischer Haushalt ausstrahlt.

Natürlich dürft auch ihr diese Art Inkarnation erleben. Doch macht euch keine Illusionen: Diese Seelen haben oft gerade Inkarnationen durchlebt, die wahre Fortschritte in ihrem Karma bedeuteten.

So hat jedes Leben seinen Sinn, seine »Daseinsberechtigung«.

Wenn ihr das alles wisst, wie könnt ihr dann noch andere verurteilen? Betrachtet sie mit Liebe, denn ihr wisst nicht, woher ihr Leben kommt.

Wenn sie aufsteigen, befinden sich die Seelen, die sich im Licht mit uns vereinen, nicht alle in den gleichen Schwingungsebenen.

Vergesst das nicht.

Jede Seele hat ihre eigene Schwingung. Und die gleichen oder nahezu gleichen Schwingungen versammeln sich an Orten, an denen sie sich mithilfe ihres treuen Führers und Lehrers, der ihnen seit Anbeginn der Zeit folgt, gemeinsam entwickeln können.

Zum Beispiel Jérôme, dein Ehemann: Erinnerst du dich an eine Botschaft, die du bei eurer Wiederbegegnung erhalten hast? Damals erklärte er dir, dass man ihn nach einem Aufenthalt in einer Lernsphäre in eine andere Sphäre getragen habe. Dort wurde er gebeten, den Seelen zu helfen, die nach Alkoholunfällen eintrafen.

Er sagte dir: »So kann ich ihnen gut helfen, denn da kenne ich mich aus.«

Je nach dem Inhalt eures »Korbes«, eures mensch-

lichen Handelns, wird euch voller Liebe ein »Lehrplan« vorgeschlagen.

Manche Seelen möchten sich ganz besonders um Kinder kümmern oder dort gegenwärtig sein, wo Menschen an ihrem Körper leiden.

Schaut euch nur die ständige Wechselbeziehung zwischen eurer und unserer Welt an, zwischen unseren beiden Ebenen. Sie besteht auch ohne euer Wissen. Wir können uns nicht ohne die andere Ebene entwickeln.

Die Sphären stehen nicht immer miteinander in Kontakt, nicht immer besteht ein Übergang von der einen zur anderen, denn alles ist in Schwingung. Sind die Schwingungen der einen weit entfernt von der anderen, kennen sie sich nicht.

Man hat daher nicht immer Zugang zur Entwicklung eines Wesens, wenn sich seine Schwingungen stark von den eigenen unterscheiden.

Das alles muss der Mensch verstehen und erkennen.

Es ist an der Zeit, denn euer Planet hat seine eigene Schwingung und geht gerade in einen anderen Zyklus über. Der ganze Kosmos wird gelenkt durch den großen Atem, den göttlichen Atem, der ihn in seinem majestätischen Fortschreiten mitnimmt auf dem Wege zurück zur kosmischen Einheit Mensch-Gott.

Wacht auf, macht endlich die Augen auf.

Starrt nicht auf eine Substanz, die ebenfalls eine Schwingung ist, wie ihr eines Tages durch eure Wissenschaftler erfahren werdet.

Bleibt nicht in einer Materie stecken, die nur eine

Raum-Zeit-Illusion ist, ein Schwingungsmodell, denn nur eure Seele folgt dem ewigen Weg der Rückkehr zur Liebe, den Engel und Mensch eines Tages aus Stolz abgelehnt haben.

Ihr seid Teil dieser großen Woge, die einzigartig ist und euch alle gemeinsam zur Rückkehr in die umfassende Schwingung der Liebe tragen wird.

15

Albane

Der Tod eines vergewaltigten Kindes war für mich immer der Gipfel der brutalen Grausamkeit.

Warum darf in diesem großen göttlichen Plan ein unschuldiges Opfer durch die Perversität eines Menschen umgebracht, ja richtiggehend geopfert werden?

Warum wird seit Jahrhunderten und trotz der so genannten Evolution unserer Kultur eine derart bestialische Tat wieder verübt?

Das Kind ist völlig unschuldig, denn durch die Gnade der göttlichen Liebe trägt es nicht das Gewicht früherer Erinnerungen, ganz gleich welche Inkarnationen es durchlebt hat, ganz gleich wie es die Ausgewogenheit seines Karmas wieder herstellen möchte.

Trotz der Neigungen zu dieser oder jener Untugend, die sich schon im frühen Alter abzeichnet, verkörpert der junge Mensch in seinen ersten Lebensjahren in unseren Augen die absolute Reinheit, die Unschuld und die kindliche Anmut.

In dieser harten Welt, in der Gewalt zur Tagesordnung gehört, ist die Gegenwart eines Kindes wie eine Oase des Friedens. Ein Kind lockt ein Lächeln auf die Lippen sehr verschlossener Gesichter, es ruft Zärtlichkeit auch bei denen hervor, deren Verhalten anderen gegenüber grob und aggressiv ist.

So ein kleiner Mensch, fröhlich und kindlich unbefangen, kommt mir vor wie der letzte Schutz, der uns Erwachsenen in dieser Welt ohne Glauben und Gesetz noch verbleibt.

Daher rührt das tiefe Entsetzen, wenn, angesichts eines solchen grauenhaften Verbrechens, ein Mensch die Unschuld, den letzten Garten der Liebe, mit Füßen tritt.

Albane war ein solches sanftes, lachendes, blondes Kind, das eines Tages aus dem Haus ging, um seine Großmutter zu besuchen. Albane kam gerade fünfzig Meter weit. Dort wartete das Unbeschreibliche in Gestalt eines Menschen aus ihrer unmittelbaren Umgebung, wie man später herausfand. Ohne das geringste Misstrauen gab sie ihm ihre kleine Hand.

Wir haben uns an die Wesen der anderen Ebene gewandt und um eine Erklärung gebeten, aus welchen Gründen ein solches Verbrechen überhaupt begangen werden darf.

Es gibt auch schwarzes Licht. Manche, durch und durch bösen Seelen verharren unendlich lange im Hass.

Diese schwarzen Seelen nähren sich von euren Hassgedanken, eurer Gewalt, eurem Egoismus. Sie werden zu Egregoren, zu Wesen, die durch bloße Gedanken entstehen und weisen voller Entsetzen und Abscheu jeden Kontakt mit dem göttlichen Licht von sich.

Sie leben durch den Hass auf die Seele in Menschengestalt und somit auch vom Hass dieses Menschen. Sie nähren sich davon, wie ihr durch einen Strohhalm euren Durst stillt.

Sie pumpen diesen Fluss des Hasses ab, den ihr ständig durch eure Gedanken der Eifersucht, des Neids, des Stolzes und der Gewalt speist.

Mit diesen Gedanken durchtränkt – vergesst nicht, dass Gedanken eine energetische Kraft darstellen, die lebt und handelt – halten sie Einzug in einen Menschen und machen ihn zu ihrem Werkzeug.

Dieser Mensch hat ihnen durch Schwäche, durch falschen Spiritismus oder durch seine Teilnahme an Sitzungen der schwarzen Magie oder auch durch die Pflege seines Hasses auf die Gesellschaft oder auf einen bestimmten Menschen erlaubt, ihn in Besitz zu nehmen. Damit liegen seine Schwingungen auf der gleichen Stufe wie die Schwingungen dieser entsetzlichen Wesen, dieser Egregoren.

Merkt euch, dass jeder Hassgedanke sie stärker werden lässt.

Erkennt ihr nun die Gefahr?

Nein, Gott kann sie nicht aufhalten, denn seine Allmacht ist nicht wie die Macht eines Diktators, sondern wie die eines Vaters, der seinen erwachsenen Kindern freie Hand bei ihren Entscheidungen lässt.

Auf diese Weise erzeugt ihr selbst die schwarzen Wesen, die eines Tages einen Menschen zu ihrem Werkzeug machen.

Diese Wesen veranlassen ihn dann zu tun, was sie

wollen. Er wird praktisch zum Katalysator eurer Hassgedanken und wie er selbst den Kräften des Bösen die Pforten geöffnet hat, wird er nun zu ihrem Handlanger.

Damit sorgt ihr selbst für die Aufladung der Elemente des Hasses und der Nichtliebe, die ihr denen entgegenbringt, die sich bereits dem Bösen verschrieben haben.

Das soll jedoch nicht heißen, dass sie nicht verantwortlich sind, es soll heißen, dass ihr diesen Egregoren immer wieder mit Gedanken des Hasses, die euren Köpfen und Herzen entspringen, helft.

Um unschuldige Seelen wie diese Kinderseelen zu schützen, betet für ihren Führer, umgebt sie mit dem Licht eurer Liebe, um dieses Licht zu einer schützenden Hülle zu machen.

Denn die Egregoren und die Mächte des Bösen fliehen mit ihrer ganzen Kraft vor dem Licht der Liebe.

Das Licht, mit dem ihr eure Kinder und eure Lieben umgebt, schützt sie. Gott ist die Liebe und versteht euch. Er reagiert nur auf eure freien Bitten, die ihr als freie Menschen formuliert. Er zwingt euch nichts auf, er beachtet und erfüllt auch die geringste eurer Bitten.

Bittet euren Führer um den Schutz eurer Kinder und eurer Nächsten und Gott wird in Liebe handeln.

Begegnen eure Kleinen einem dieser »bösen« Männer, kann er ihnen nichts anhaben. Merkt euch das. Haltet euren Hass im Zaum und verbreitet nur Liebe.

Friede dieser Belehrung, sie ist so wichtig für den Schutz der Euren.

Gebt ihnen nur eure Liebe.

Ihr müsst euch der Macht der Kräfte des Bösen bewusst sein, manche bedienen sich eurer Kinder als negatives Machtwerkzeug.

Betet. Verbreitet Liebe und Licht.

Friede, Friede.

Anaël

Engel des Lichts

Als ich diese Botschaft erhielt, wollte ich wissen, ob es für die Seele des Folterknechts überhaupt noch Hoffnung gibt. Hier die Antwort.

Das Geheimnis der Seelen kennt nur Gott. Nur er weiß, ob dieses Wesen einen winzigen Augenblick der Reue über die schrecklichen Taten zeigte.

Dieser winzige Augenblick gehört Gott. Nur er kennt die Tiefen des Menschen und weiß, ob noch ein Lichtschimmer in diese Seele dringen kann.

Das Geheimnis der Seelen erkennt nur Gottes Blick. Wir können nicht wissen, ob das Licht im letzten Augenblick, dem Augenblick des Abschieds ins Jenseits, nicht doch das schwarze Labyrinth eines pervertierten Menschen erreicht.

Wer kann das wissen?

Niemand außer dem göttlichen Wesen. Betet also dafür, dass die Erde nicht von dieser Dunkelheit umfangen wird.

16

Krieg und Völkermord

Muss das Entsetzen zur tägliche Routine gehören, wie es uns Fernsehen und Zeitungen oft überdeutlich und in schrecklichen Bildern glauben machen wollen?

Auch aus den Geschichtsbüchern, die die Kultur jedes Volkes seit Anbeginn aufzeichnen, erheben sich Schreie und Wehklagen, Bilder der Folter, des Abschlachtens und des Hasses.

Seit der Mensch in diese Geschichte, in seine Geschichte, getreten ist, gibt es kein Ende der Unterdrückung von Nachbarvölkern, der Eroberung mit Waffengewalt. Warum?

Warum erlaubt Gott Kriege?

Stellt sich der Mensch diese Frage auch nur ein einziges Mal auf seiner irdischen Ebene?

Aus menschlicher Sicht ist es einfach, sich dem Beweis der eigenen Verantwortung zu entziehen. »Die anderen, die Regierungen sind verrückt«, hört man immer wieder sagen.

Wenn wir uns jedoch nur einen kurzen Augenblick durch ein Mikroskop selbst betrachten könnten, würden wir ein ziemlich seltsames, sich aufrecht fortbewegendes Lebewesen erkennen, das die meiste Zeit damit verbringt, die Lebewesen in seiner Umgebung zu kritisieren und auf Hass und Rache und Familienfehde zu sinnen.

Dieses Wesen kann auch mit seinem Nächsten nicht in Frieden leben und die Völker handeln nicht anders als der einzelne Mensch, weder besser noch schlechter.

Völkermord ist ein entsetzliches Verbrechen, das von allen Völkern zu allen Zeiten auf jedem Stand der Entwicklung oder der »Zivilisation« begangen wurde und unzählige Menschenleben gefordert hat. Ist ihr Tod sinnlos? Gibt es ein vorbestimmtes Schicksal? Und warum werden sie laut göttlichem Plan auf einem langen und leidvollen Weg von anderen zum Schlachthof getrieben?

Warum?

Völkermorde werden von Seelen begangen, die sich ganz den Kräften des Bösen verschrieben haben. Verschließt die Augen nicht: Diese Kräfte gibt es und sie durchleben Inkarnationen zur gleichen Zeit wie ihr.

Oft haben diese Menschen aus Stolz im Tausch gegen materiellen Reichtum und Macht ihre Seele den schwarzen Kräften verschrieben, die ihnen vorteilhafter erschienen als die Kräfte des Lichts, um ihnen die materiellen Güter und den angestrebten Ruhm zu gewähren.

Diese Seelen suchen niemals eine Inkarnation, um Böses zu tun, denn dann ließe ihr Führer sie nicht auf die Erde zurückkehren.

Und Gott kann einer Seele nicht dabei helfen, sich in eine Inkarnation des Bösen zu verwandeln.

Das Problem tritt erst später im Augenblick der Inkarnation auf. Wenn sich diese Seele von Stolz und dem Angezogensein von materiellem Reichtum durchdringen lässt, kann das Besitzenwollen zur Hysterie werden und zu einer idealen Nische für schwarze Kräfte.

Für kurze Augenblicke gehören diese Wesen, ohne dass ihr es bemerkt, zu geheimen Gesellschaften, die sich sehr eng mit den astralen Niederungen zusammengeschlossen haben und viel aktiver sind, als ihr es euch vorstellen könnt.

Diese Wesen sind in der Lage, auf ihresgleichen eine Faszination auszuüben, die weit über das normale Maß, das man diesen Menschen zutrauen würde, hinausgeht.

Das beste Beispiel ist Hitler, der sich allmählich mit den Kräften des Bösen vertraut machte und schon bald zu ihrem übermächtigen Werkzeug wurde.

Er konnte die Massen begeistern, ein ganzes Volk mitreißen, obwohl er nur ein Mensch ohne besonderes Wissen war. Er war belastet, besessen, mitgerissen von den Kräften der schwarzen Beherrschung, die ihn zu ihrem vollkommenen Werkzeug gemacht hatten.

Diese Menschen zerstören sich zuletzt selbst oder verlieren in ihrer Hysterie den Verstand.

Auch die unterdrückten und gefolterten Völker wurden nicht von Gott verlassen, ganz im Gegenteil.

Diese Seelen sind als Menschen auf die Erde ge-

kommen mit dem Wissen, dass sie zu den Opfern gehören würden, und sie haben diese Aufgabe akzeptiert.

Ihr müsst wissen, dass diese Wesen, die ihre Auslöschung als Gruppe akzeptiert haben, dies tun oder getan haben, um ihr Karma zu säubern und vor allem, um schneller in die göttlichen Schwingungen aufzusteigen.

Denn durch ihren gemeinsamen Aufstieg wird es möglich, die astralen Niederungen zu säubern. Durch ihr wunderbares Opfer in dieser Inkarnation steigen sie gemeinsam mit vielen anderen, seit sehr langer Zeit – nach eurer Zeitrechnung – verlorenen Seelen, in ihren Armen sozusagen, auf.

Sie retten damit diese Seelen, die sie mitnehmen, wenn sie selbst nach dem Opfer aufsteigen.

Man kann sehen, wie rasch ihr Aufstieg ins göttliche Licht ist, denn in ihrem »Korb« für diese Inkarnation ist nicht nur ihr persönliches Opfer, die Reinigung ihres Karma und der Karmas ihres Volkes, sondern sie helfen auch vielen verlorenen Seelen, die nicht einmal ahnten, dass es das göttliche Licht überhaupt gibt.

Es ist ein großer Momente der Liebe und des Lichts, wenn sie unter diesen Voraussetzungen zurückkehren, denn dadurch werden die kosmischen Schwingungen auf der Erde verstärkt.

Hierin erkennt ihr die Kette der Liebe, die Gott auslöst, um zum Positiven, zum Licht zu wenden, was die Kräfte des Bösen durch einen oder viele Men-

schen, die als eine Art Werkzeug dienen im Negativen aufgebaut haben.

Der Kampf zwischen dem Bösen und der Liebe ist ohne Gnade. Der Mensch ist frei in diesem Kampf. Jeder freie Ruf des Menschen nach den Kräften der Liebe bringt Hilfe, Licht und Schutz.

Doch erkennt auch, dass jede Öffnung zu den schwarzen Kräften deren Hass stillt, wenn sie sich des Werkzeugs bedienen, das der Mensch ihnen bietet: seine Sucht nach materiellem Reichtum.

So können Völkermord und Krieg, die Handlungen des Hasses sind, und Menschen, die von den Kräften des Bösen getriebenen sind, die Opfer, die diese Verantwortung durch das Leid des menschlichen Martyriums akzeptierten, in Liebe und Licht verwandeln.

Wenn ihr wüsstet, wie herrlich im Licht und in den Gesängen ihr Empfang durch den Vater ist.

Denn diese Seelen haben damit ihr eigenes Karma und das der Seelen aus den astralen Niederungen, denen sie helfen, manchmal sogar ihres ganzen Volkes, gereinigt.

Schützt sie durch Gebete.

Umgebt sie mit Licht, denn ihr wisst nie, welche schwarzen Kräfte euch heimsuchen könnten.

Wenn ihr nur diese Aufgabe erfüllt, darum zu bitten, dass das göttliche Licht euch wie eine Muschel schützt, wenn ihr alle Hassgedanken, welche die Kräfte des Bösen stärken, unterdrückt, habt ihr nichts zu fürchten.

Betet und erkennt den wahren göttlichen, karmischen und kosmischen Grund aller Dinge.

Friede.

Erzengel Gabriel

17

Warum leben sechs Milliarden Menschen auf der Erde?

Ich weiß, dass sich viele von uns diese Frage stellen. Wie kommt es, dass im Rad der Reinkarnationen die Zahl der Seelen auf der Erde so sehr zunimmt?

Sechs Milliarden Menschen leben auf der Erde, mehr als je zuvor. Warum?

Die große, die gigantische Bewegung der Seelen füllt das Universum, den ganzen Kosmos und nicht nur eure Erde. Euer Planet nimmt die Wesen mit der entsprechenden Schwingungsresonanz auf, das heißt also Seelen, die beschlossen haben, das irdische Experiment zu wagen, das schwerste im Sinne des Aufstiegs der Seelen. Doch eure Seele kann auch Reinkarnationen in einem Schwingungsrhythmus durchleben, der sie an einen anderen kosmischen Ort trägt.

Es gibt also nicht nur sechs Milliarden Seelen, sondern viel mehr.

Zum gegenwärtigen Zeitpunkt haben sich gerade sechs Milliarden für die irdische Inkarnation entschieden. Der Kosmos ist von einer Schwingungssphäre zu nächsten von sehr viel mehr Seelen erfüllt und jede durchlebt alle für ihre Rückkehr zur endgültigen göttlichen Schwingung notwendigen Etappen.

Wir wissen sehr wohl, dass es schlechter Stil ist, ein Wort zu wiederholen, doch hier tun wir es, um euch besser zu erklären, dass ihr nur eine Schwingung seid, die sich von kosmischem Leben zu irdischem Leben darin übt, die reine Resonanz der vollkommenen Liebe zu finden.

Eine Bewegung der Seelen im großen Plan.

Die Existenz auf der Erde ist eine sehr viel schwierigere Reise, die gegenwärtig viele Seelen gewählt haben, denn die Schwierigkeit dieser Zeit gestattet ihnen ein schweres Experiment, das zur Reinigung ihres Karmas notwendig ist.

Nun kennt ihr das Geheimnis der sich rasch entwickelnden Erdbevölkerung. Es ist letztlich jedoch nur der Wunsch der Seelen, in einer schwierigen und schmerzlichen Zeit schneller und intensiver zu lernen.

Ihr erkennt daran, wie mutig ihr manchmal in der Wahl eurer Inkarnation seid.

Gott wacht über eure Rückkehr.

Epilog

Für jeden Pilger oder Reisenden kommt die Zeit der Ruhe, der besinnlichen Betrachtung des Innern in Stille und Abgeschiedenheit. Das wurde uns gerade gezeigt.

Die Reise ins Land der Erkenntnis zwingt uns, die glücklichen und traurigen Ereignisse des menschlichen Lebens aus einem anderen Blickwinkel, in anderem, neuem Licht zu betrachten.

Wir müssen uns daran gewöhnen, die Dinge von der anderen Ebene aus zu sehen, die wir für einen kurzen Aufenthalt auf der Erde verlassen haben.

Heute Abend haben sie mich gebeten, ihnen das Wort zu überlassen.

Euer irdisches Leben verläuft in der Kontinuität des Karma.

Ihr seid einzigartige Wesen, beladen mit euren früheren Taten und Erinnerungen. Bei einer Inkarnation kommt ihr mit einem ganz bestimmten Ziel auf die Erde.

Mit der Unterstützung der Karma-Familie, die ihr oft blind ausgewählt habt, seid ihr bemüht, eine in der oberen Ebene zusammen mit euren Führern, insbe-

sondere eurem Schutzengel und all jenen, die an euren Prüfungen und Freuden teilhaben, vorbereitete Mission zu erfüllen.

Macht keine Fehler, hört zu und erkennt die Zeichen und die Hilfe, die sie euch zuteil werden lassen.

Ihr seid nicht allein, niemals.

Doch ihr betet nicht, ihr fordert oft nur materielle Geschenke.

Bittet um die Erleuchtung eures eigenen Lebenswegs, wie dieser auch aussehen mag.

Ihr werdet viele Zeichen erhalten, seid nicht erstaunt.

Auch im Kosmos seid ihr nicht allein. Andere Wesen mit anderen Schwingungen bewegen sich überall auf dem Rückweg zur göttlichen Einheit.

Dieser Plan, dieses kosmische Vorhaben ist groß und durch eure Erinnerungen, eure oft unbegründete Gewissheit, ist euch dies auch im Grunde eurer Seele bekannt.

Alles hat Einfluss auf alles. Jeder hat Einfluss auf jeden.

Erkennt die Verantwortung, die jedem von euch eine große Bedeutung verleiht.

Die Last des Hasses erstickt die Erde. Es ist an der Zeit, sie davon zu befreien, ihr diese Last zu nehmen.

Werdet euch dessen bewusst, dann wird es euch gelingen.

Oder muss Gott in seiner unermesslichen Liebe diese irdische Schwingung selbst entlasten, unter der die Erde stirbt, und euch dabei alle mitreißen?

Ihr, die Reisenden dieses Buches, braucht euch nur diese neue Erkenntnis zunutze zu machen, um den Zweck eures Lebens aus dem Blickwinkel von oben nach unten und nicht von unten nach oben zu betrachten.

Denn die Erde muss von diesem höllischen Gewicht der Gedanken und Taten des Hasses befreit werden, damit sie wieder im Einklang mit der göttlichen Harmonie des Kosmos schwingen kann.

Es ist an der Zeit, dieses große Gesetz des Karma zu erkennen.

Versucht eure verschütteten Erinnerungen auszugraben.

Bittet um Erleuchtung.

Hier endet ein Teil der außerordentlichen Reise, bei der uns Führer und Schutzengel begleitet haben.

Es ist nur ein erster Schritt, doch die Art, den Verlauf unseres Lebens zu verfolgen, unterscheidet sich so sehr von unserer gewohnten Betrachtungsweise, dass uns eine kleine Pause sehr gelegen kommt, damit sich jeder auf seine Weise entwickeln und sich mit den neuen Erkenntnissen vertraut machen kann.

Es werden sich daraus sehr viele Fragen ergeben, die wir den himmlischen Wesen dann stellen können, damit sie uns auf eine neue Reise begleiten können.

Bernard Jakobys Bücher spenden Mut und Lebenssinn

Die Brücke zum Licht

Bernard Jakoby dokumentiert einfühlsam Nah-Toderfahrungen und Erlebnisse Angehöriger im Umfeld des Todes.

256 Seiten, ISBN 3-7844-2887-8

Auch Du lebst ewig

Dieser Ratgeber zeigt anhand der neuesten Ergebnisse der Sterbeforschung, dass wir keine Angst vor dem Sterben haben müssen.

224 Seiten, ISBN 3-7844-2775-8

Auch als Audiobook, von Bernard Jakoby selbst gelesen.

1 CD, 54 min, ISBN 3-7844-4021-5

Das Leben danach

Ein Buch, das Einblicke in die moderne Rückführungstherapie gibt und erklärt, was mit uns passiert, wenn wir sterben.

240 Seiten, ISBN 3-7844-2832-0

Langen Müller

Lesetipp

BUCHVERLAGE
LANGEN MÜLLER HERBIG
WWW.HERBIG.NET

Anne Ray-Wendling

Mein Kontakt mit dem Jenseits

Der Lebensbericht von Frankreichs bekanntestem Medium

Anne Ray-Wendling erzählt in diesem Buch, das ein Bestseller wurde, wie sie schwere Schicksalsschläge in ihrem Leben meisterte und – nachdem ihre hartnäckigen Zweifel mit eindeutigen Beweisen widerlegt wurden – Kontakt zu ihrem verstorbenen Vater sowie ihrem Ehemann aufnehmen konnte.

Anne Ray-Wendlings eindrucksvolle Lebensgeschichte zeigt, wie eine Frau, die mit beiden Beinen auf der Erde steht, als Medium Zugang zu einer anderen Realität bekommt und aus dem Jenseits Trost erfährt.

208 Seiten, ISBN 3-485-00886-9
nymphenburger

Lesetipp

BUCHVERLAGE
LANGEN MÜLLER HERBIG
WWW.HERBIG.NET